10배
버는 힘

돈 버는 능력을 키우는 부자 되기 최단 루트

10배 버는 힘

초판 1쇄 인쇄 2021년 1월 21일
초판 1쇄 발행 2021년 1월 27일

지은이 박서윤

발행인 백유미 조영석
발행처 (주)라온아시아
주소 서울특별시 서초구 효령로 34길 4, 프린스효령빌딩 5F

등록 2016년 7월 5일 제 2016-000141호
전화 070-7600-8230 **팩스** 070-4754-2473

값 14,500원
ISBN 979-11-91283-12-9 (03190)

MONEY MONEY MONEY

10배 버는 힘

돈 버는 능력을 키우는 부자 되기 최단 루트

박서윤 지음

지난 10년간 우리 가족을 지켜내기 위해
고군분투해준 가장 사랑하는 남편 Tim Kang(강환규)과
가장 큰 보물 시후, 서하에게 이 글을 바칩니다.

결과가 달라지는 인생을 사는 법

어느 날 학부모님 한 분으로부터 항의 전화가 왔다. “아이들 교육하면서 왜 돈 이야기를 하세요? 아이가 시험공부는 안하고 100억 부자가 되겠다는 이상한 말만 해요”라고 말씀하셨다. (우리 교육 연구소에서는 국영수가 아닌 인문학과 인생 전반에 필요한 라이프 스킬을 가르친다.) 유선상이라 어머니께는 죄송하다고 말씀드렸지만, 사실 속으로 기뻤다. ‘이 아이는 커서 꼭 부자가 되겠구나!’라는 생각 때문에 말이다.

현실은 생각과 말을 기반으로 만들어진다. 그 아이가 내뱉은 말은 우연히 생각 없이 한 말이 아니란 것이다. 말은 생각 없이 할 수 없다. 부자에 관한 이야기를 듣고 난 후 100억 부자가 되겠다는 생각의 씨앗이 내면에 자리 잡았고, 그 생각을 하다 보니 엄마에게까지 그 말이 나온 것이다.

나는 얼마 전까지만 해도 생각 없이 인생을 살아가는 막장 드라마의 주인공과 같은 삶을 살고 있었다. 내 주변엔 나에게 성공하는 방법, 돈을 버는 방법에 대해 이야기해주는 사람이 아무도 없었다. 오히려 성공을 향하는 길이 얼마나 험난하고 위험한 줄 아느냐며 한 발이라도 떼려 하면 절대 가면 안 되는 곳인 것처럼 공포심만 잔뜩 심어주었다.

무려 30년이 넘도록 정확히 성공과 정반대의 삶을 살았다. 그러나 다행히 인생의 가장 밑바닥에서 나는 '성공 지향자'의 삶으로 방향을 틀었다. 바뀐 방향을 따라 걷는 것이 결코 쉽진 않았지만 많은 사람들이 이 길로 방향을 바꾸면 좋겠다. 그 이유는 다음과 같다.

1. 돈 버는 능력을 무한하게 키울 수 있다.
2. 인생의 주인으로 살아가는 유일한 방법이다.
3. 본능을 이기고 슈퍼리치로 갈 수 있는 길이다

나는 아직 내가 원하는 만큼 성공하지 않았다. 하지만 과거에 비하면 돈 버는 능력이 10배 정도 성장했고, 내가 도운 사람들도 함께 성장해가는 것을 보면서 의미 있는 결실도 맺어가고 있다.

이 책은 읽는 것으로 만족하는 허무한 이론서가 아니다. 아마 책을 읽다 보면 실행할 것이 너무 많아서 책장이 잘 넘어가지 않을 것이다. 당신이 되도록 이 책을 10번 이상 재독하고, 실행하면서 돈 버는 능력을 지속적으로 키워나갔으면 좋겠다.

그리고 반드시 두 가지를 점검해보았으면 한다. 첫째는 당신이 걷고 있는 방향성을 점검하고, 둘째는 과거 10년 전과 현재 자신의 모습을 비교해보라. 당신의 결정이 옳았는지 판단할 수 있는 근거는 오직 과거의 내 모습과 비교했을 때에만 알 수 있다. 본인이 생각하기에 10년 전보다 10배 성장이 이루어지지 않았다면 이 책을 반드시 끝까지 읽고 실행했으면 좋겠다.

화려한 모습만 보이는 SNS 속 사진들, 그럴 듯해 보이는 광고 문구들로부터 현혹되지 말자. 무엇보다 가장 중요한 것은 오래도록 일관성 있게 만들어진 소중한 가치들을 현실에 녹여내는 것이다. 성실, 실행, 감사, 책임, 태도 같은 변하지 않는 것들 속에 성공의 진실이 숨어 있다. 남들이 최선을 다하는 삶을 비웃고 조롱한다고 나도 그 길을 왜곡시키지 말자. 남의 시선에 맞춰진 허황된 겉모습에 취한 나의 고정관념을 벗어버리고 경계하자. 그럴수록 더 진실에 가까이가자.

당신의 하루가 지금보다 10배 더 비싸질 미래를 꿈꾸며 오늘도 묵묵히 성공을 향해 걷자!

라이프 인플루언서 박서윤 (소피노자)

차 례

프롤로그 결과가 달라지는 인생을 사는 법 • 6

1장_Success
현재보다 10배 큰 성공을 꿈꾸는가

내 인생 브레이크가 풀린 날 • 17
정신 승리로는 승자가 될 수 없다 • 21
흙수저 성공 입성기 • 25
성공으로 향하는 세 가지 관문 • 30
뜬구름 잡는 소리가 실현되다 • 36
나만의 새로운 타이틀을 발견하다 • 44

2장_Challenge

성공을 향해 도전할 준비가 되었는가

노력보다 중요한 것 • 51
아마추어는 헛스윙만 하고 프로는 안타를 노린다 • 57
돈을 끌어당기는 작은 차이 • 63
주.인.공. 프로젝트 • 69
돈의 주인이라면 갖춰야 할 인식 • 75
'4초'를 점검하라 • 80
행동력으로 찾은 자신감 • 86

3장_Think
정말 남다른 생각을 하고 있는가

불운을 몰고 다니는 사람들의 세 가지 특징 • 91
96퍼센트는 없고 4퍼센트는 있는 '이것' • 98
출발이 다름을 탓하지 말고 보폭을 넓혀라 • 104
'돈 잃는 인생'과 '돈 읽는 인생'의 차이 • 110
자유를 원한다면 비즈니스 능력을 키워라 • 115
목표를 이룰 때까지 도와주는 노트 작성법 • 123
저는 부자가 되기로 선택했습니다 • 132

4장_Future
인생의 청사진을 바꿔가고 있는가

성공으로 향하는 6단계 삶의 이정표 • 137
넘사벽 인생을 만드는 생각타임 효과 • 145
언제까지 과거에 머무를 것인가 • 151
가장 확실한 성공의 기준 • 156
전략적 포기자로 사는 법 • 161
돈이 쌓이는 구조의 비밀 • 166
성장의 축이 된 행동력 • 172

5장_Action
부자로 가는 실행을 하고 있는가

성공으로 가는 실행의 정석 • 177

계획보다 미루거나 미리 하거나 • 183

기회의 선점은 인생 가속도에서 나온다 • 189

탁월한 사람이 되어 진입장벽을 높여라 • 194

부자들만 아는 시간을 소유하는 법 • 199

지식의 늪에 빠진 당신을 위한 처방전 • 205

생산적 독서가 만들어준 행동력 • 214

6장_Connection
어떻게 성공을 연결해나갈 것인가

부자로 가는 지름길을 만드는 6C • 219

영향력이 저절로 따라오는 정체성의 법칙 • 225

부자가 되는 힘은 신용에 있다 • 230

모든 사람의 인생에 존재하는 세 가지 줄 • 235

기적을 만드는 숫자 1,000 • 241

세상이 변화되는 물결 위에 서 있는가 • 246

단면적인 삶보다 입체적인 삶을 택하라 • 251

나 자신을 마주하는 시간 • 256

에필로그 '당연히'라는 통념에서 벗어나라 • 258

1

Success

현재보다 10배 큰 성공을 꿈꾸는가

●

성공한 사람이 될 수 있는데
왜 평범한 이에 머무르려고 하는가.

– 베르톨트 브레히트

내 인생 브레이크가 풀린 날

성공이라는 단어는 내 곁에 없었다

••••

삶에 세렌디피티(Serendipity, 의도하지 않게 발견한 좋은 성과나 경험)가 존재한다는 것을 믿게 된 순간은 두 손에 절망 이외엔 남아있지 않다는 사실을 인지했을 때였다. 이전까지 나는 삶에 최선을 다하기만 한다면 인생의 찬란한 보상이 절로 주어질 것이라 믿었다. 그래야 삶 속에서 희망이라는 단어가 유효한 것이니까.

하지만 나는 남편의 실직, 첫 아이에게 갑작스레 찾아온 자가면역질환, 3억 5천만 원의 빚만 남은 통장 등 모든 사건이 연이어 터지면서 모든 희망을 잃어버렸다. 온기라고는 찾을 수 없도록 잔인한 인생의 시련 앞에 무릎을 꿇어야 했나. 이 모든 사건을 되돌려 이전으로 돌아갈 수만 있다면 무엇이든 하고 싶었다.

앞으로 어떤 일들이 더 폭풍처럼 번져나갈지 눈앞이 아득했다. 어쩌면 내 인생 이대로 낭떠러지를 향해 나아가는 것은 아닐까 하는 생각이 들었다. 순간 모든 것을 멈추고 싶었다. 그래서 현실을 부정하는 방법을 택했다. 매일 TV 예능 프로그램을 보며 한숨 섞인 짜증과 폭식 등으로 살았다. 누가 보기에도 삶을 망가뜨리고 있었다. 더 나락으로 떨어져야 신이 내 손이라도 잡아주지 않을까 하는 착각에 사로잡힌 채 말이다. 그렇게만 된다면 지금과는 다른 모습의 나로 다시 태어날 수 있겠지, 설마 내가 죽도록 내버려두기야 하겠냐는 쓸데없는 위로에 빠져 현실 따위는 돌보지 않고 살았다.

그렇게 1년 가까이 지내다 보니 몸이 먼저 살려달라고 신호를 보내왔다. 지속적 폭식과 하루 세끼를 라면 같은 인스턴트로 때우다 보니 아침마다 몸이 말을 듣지 않았다. 몸이 망가지니 정신도 따라 망가지기 시작했다. 나는 스스로를 피해자로 여기고 다른 사람들을 탓하고 비난하기 시작했다. 자존심만 강해서 다른 사람에게 도와달라는 말도 못하고, 혼자서 시름시름 앓는 1년을 보냈다. 그나마 다행인 것은 방황의 시간이 그리 길지 않았다는 것이다.

삶에서 행운이 온다는 것이 삶을 포기한 사람에게는 먼 이야기라는 사실을 왜 몰랐을까? 왜 나에게 스스로 인생을 만들어낼 수 있는 용기와 능력이 있다는 사실을 알면서도 시도할 생각조차 하지 못하며 살았을까?

인생 쓰나미에서 탈출을 결심하다

····

어느 날 아침, 무거워진 눈꺼풀을 뜨거운 아침 햇살이 응시하는 순간, 심한 공포감이 밀려왔다. 나 스스로를 절벽 아래로 자꾸 떠밀고 있다는 생각에 순간 정신이 번쩍 들었다. 이대로 가다간 절벽 끄트머리에 서 있는 나를 곧 발견하게 될 터였다. 더 이상 인생 쓰나미에 스스로 자폭하는 것을 멈춰야 했다. 그때 나는 결심했다. 인생의 패배자에서 내 인생 책임자가 되기로 말이다. 피해의식으로 가득 찼던 과거를 버리고 내 삶을 책임지기 위해 반드시 해야 할 일들을 하나둘씩 채워보기로 했다. 나의 하루가 무심코 내뱉은 말에 상처받지 않도록 내 인생을 열렬히 사랑해보기로 했다.

생각하고 말하고 행동하는 모든 것들에 생기를 불어넣고, 유의미한 것들로 가득 채우기로 마음먹은 순간, 마음속에 초록불을 켰다. 더 이상 낭비, 시련, 아픔, 좌절, 미움 같은 인생의 빨간불 단어들과 친해지면 안 될 것 같아 발바닥 밑으로 던져버렸다. 대신 비전, 용기, 자유, 사랑, 성공과 같은 초록불 단어들을 내 인생에 하나씩 주워 담았다.

가끔 빨간불이 켜질 땐 그대로 잠시 멈추었다. 멈추면 비로소 보인다고 했는데 멈춰보니 그간 내 인생이 얼마나 최악이었는지 깨달았다. 벌에 쏘인 사람처럼 여기저기 들쑤셔져 있는 내 인생에 회의감이 밀려왔다.

처음에는 의도적 노력을 하는 것이 정말 어려웠다. 초록불을 켤 때마다 내 과거가 부정당하는 기분이 들었다. 그럴수록 최대한 행복하게 성공한 미래를 상상하려고 노력했다. 그렇게 조금씩 빨간불이 아닌 초록불을 선택하자 삶에서 조금씩 변화구가 만들어졌다.

변화가 생길 때마다 다시 과거로 돌아가면 어쩌지 하는 조바심이 두려움으로 포장되어 찾아왔다. 그럴 때마다 나는 내 생각을 다듬었고, 내 말을 통해 선언했으며 내 시간들에 소중한 것들을 채우려고 시도했다. 아주 작은 시도였지만 나는 천천히 변하기 시작했다.

오작동 시스템으로 가득 찼던 인생의 브레이크가 서서히 풀리기 시작했다. 힘든 언덕길을 오르듯 헐떡였지만 포기하지 않기로 했다. 지금도 여전히 극심한 오르막길을 오르는 기분이다. 나아가고 싶을 때보다 포기하고 싶을 때가 더 많다. 하지만 이제는 멈추면 바로 추락이라는 것을 안다. 포기하고 싶을 때마다 지난 1년의 악몽을 떠올리며 기어를 1단에 맞추고 아주 천천히 달려보기로 했다.

그러던 어느 날, 나는 커다란 바위와 마주해야 했다. 가냘프게 타고 있던 희망의 불씨를 꺼뜨리는 무거운 바위는 다름 아닌 돈이었다. 게다가 태어날 때부터 예민했던 아들에게 들어보지도 못한 희귀병이 덜컥 찾아와 버렸다.

정신 승리로는 승자가 될 수 없다

무모한 도전의 결과

••••

인생의 모든 면이 날마다 점점 더 좋아지고 있다는 긍정문을 마치 최면처럼 외치며 하루하루를 버텨냈다. 그러나 여전히 우리 가족은 라면으로 끼니를 채우기 급급했고, 무엇이든 아끼지 않으면 생존이 불가능할 정도였다. 그동안 방치해 온 시간들의 결과가 쓰나미가 되어 덮쳐왔다. 그때 누적의 무서움을 절실히 느꼈다. 30년 넘게 살아오면서 그래도 인생 모나지 않게 잘 살아왔다는 자부심을 갖고 있었는데 하루하루 연명하듯 사는 삶 앞에서 비참해지는 것은 시간문제였다.

어느 날 문득 아픈 아들이 눈에 들어왔다. 그때 아들의 나이는 4살이었고, 자가면역질환인 길랑바레 증후군을 진단받았다.

이름도 처음 들어보는 병명에 며칠을 충격에서 헤어나오지 못하고 있었다. 특히 아이의 온 몸이 마비되어 목숨이 위험할 수도 있다는 의사의 말은 내 심장을 야구 배트로 시속 300킬로미터의 속력으로 강타하는 것 같았다. 만약 의사의 말이 사실이 된다면 인생의 낙오자였던 엄마로 기억되고 싶지 않았다. 정신을 차리고 아들을 바라보니 이대로 있다간 아들마저 나락으로 떨어뜨릴 것 같았다. 그때부터 내 시간은 다르게 흘렀다. 이대로 죽기 싫으면 모든 것을 걸어야 했다.

통장에 남아 있던 50만 원을 들고 서점으로 갔다. 내 지식만으로는 이 굴레를 빠져나갈 수 없을 것 같아 성공한 사람들의 책을 닥치는 대로 읽기 시작했다. 잠도 거의 안 자고, 독서에 올인했다. 그때 우리 가족은 전세 3,000만 원짜리 허름한 빌라에서 살고 있었다. 내가 할 수 있는 일이라곤 공부뿐이었다. 아들을 돌보는 시간을 빼고는 온전히 공부에 모든 에너지를 쏟아부었다.

책 50권만 읽으면 박사 학위 딴 것과 같다는 이야기를 듣고 열심히 책을 읽었다. '다 읽고 나면 뭔가 달라지겠지'라는 마음으로 노란색 색연필이 닳고 닳도록 밑줄까지 쳐가며 읽은 결과는 통장에 남은 20만 원뿐이었다. 남편은 그대로 실직 상태였고, 나 또한 아들을 돌보기 위해 유아교사의 꿈을 포기한 상태 그대로였다. 이대로 있을 수 없어 아들을 잠시 친정 엄마에게 맡기고 우리 부부는 가장 저렴한 커피를 파는 카페에 가서 아침부터 저녁까지 더 혹독하게 독서에 몰두했다. 하루에 1일 1독, 많으면 하루에 1일 3독까지 해냈다.

하지만 달라진 것은 없었다. 좁은 거실 한편에 읽은 책들이 쌓여가는데 왜 우리 삶은 그대로일까? 벌어진 손가락 사이로 빠져나가는 모래알처럼 돌아온 것은 빈털터리 통장뿐이었다.

현실에서 깨닫게 된 진실

••••

돈도 없었으면서 호기롭게 분양받은 아파트는 계속해서 중도금을 요구했고, 그나마 버는 능력을 유지해주던 직장까지 둘 다 잃게 된 상황에서 성공은 나에게 없었다. 여기저기 손을 벌려 빚을 갚고 나면 고통스러움만 더했다. 아무것도 이루지 못한 내 자신이 못 미덥고 한심했다. 아들이 없었다면 나는 진작에 모든 것을 포기했을지도 모른다.

시련의 소용돌이 속에서 깨달은 점이 있다. 냉혈한 같은 세상에서 이겨내기 위해서는 돈이 필요하다는 사실이다. 스스로 존재해내기 위해, 나약하고 쓸모없는 인간이 되지 않기 위해 필요한 것은 따뜻한 위로가 아니라 돈이었다. 돈이 없으면 최소한의 가족조차 지켜낼 수 없다는 것을 인생 밑바닥에서 배웠다.

다시 멋진 아내이자 엄마가 되고 싶었다. 그러려면 허공으로 날려버린 돈을 되찾아야 했다. 이 해답을 찾기까지 1년 이상 방황의 대가를 치르고 난 후에야 세상과 마주할 용기를 얻었다. 인생 끝에 몰리자 안 보이던 것이 보이기 시작했다. 성공은 아직 나에게 먼 이야기였기에 그 단어를 붙잡아보고 싶었다. 그제야 나는 잘못된 방향에서 멈춰 설 수 있었다. 아이를 위해 건강을 공부하고, 내 삶을 위해 닥치는 대로 공부하기 시작했다. 그때 배운 것이 있다.

'성공은 가장 밑바닥에 다다르면 보이는 것이구나!'

흙수저 성공 입성기

의심을 확신으로 바꾸는 종이 한 장

····

처음으로 제대로 살아보고 싶은 욕심이 생겼다. 아니 부자로 살고 싶은 마음이 내 심장을 마구 두드렸다. 돈이 그토록 소중한 존재인 줄 알았다면 나는 내 인생에서 돈이 빠져나가기 전에 돈을 대하는 자세에 조금 더 신중했을 것이다. 하지만 돈은 내 품에 들어오는 족족 매몰차게 빠져나갔다. 나름대로 돈을 잘 지키고 있다고 생각했는데 그건 나의 허무맹랑한 착각이었다.

마음속에 '나도 성공이란 걸 할 수 있을까?'라는 의심의 물꼬가 스멀스멀 올라올 때면 예전처럼 다시 도망치고 싶은 마음이 강해졌지만 더 이상 물러날 곳이 없다는 사실을 잘 알았기에 그럴 수도 없었다.

어떻게든 다시 시작해보기로 했다. 먼저 마음속 회로를 리셋했다. 과거로 되돌아가지 않기 위해서 스스로 과거를 지웠다. 그리고는 A4 종이 한 뭉치를 꺼내 이것저것 끄적거리기 시작했다. 나에겐 없을 것 같은 성공을 그려보기라도 하자는 심정으로 아이디어가 떠오를 때마다 적고 또 적었다. 그때 습관은 나를 종이 마니아로 만들었다. 나는 지금도 아이디어가 떠오르면 종이와 펜을 찾는다. 종이에 그려져 있는 연필심이 금가루가 될 수 있다는 사실을 경험해보았기 때문이다. 그렇게 종이 한 장으로 나의 성공 입성기가 시작되었다. 마음은 약하다. 하지만 펜은 강하다. 마음의 의심을 걷어내는 것은 종이에 내 생각을 그리는 것에서부터 출발한다.

눈에 보이지 않는 것을 수치화한 목표

••••

어느 날 고개를 들고 하늘을 보았다. 가을이 되니 하늘이 더 높아보였다. 땅을 보며 한숨만 푹푹 내쉬고 있자니 삐걱거리는 인생을 더 깊숙이 몰아넣고 있는 것 같아 하늘로 고개를 돌렸다. 문득 '하늘의 높이는 얼마나 될까?' 하는 궁금증이 생겼다.

한참을 하늘을 쳐다보다가 다시 질문이 바뀌었다. '내가 원하는 성공의 크기는 얼마나 될까?' 한 번도 커다란 성공을 맛본 적이 없어서 성공의 맛도 제대로 모르는 풋내기가 배짱 좋게 성공의 크기부터 따졌다. 그러다 책에서 본 문구가 떠올랐다. 꿈은 고래 꿈으로 꾸라는 말, 목표는 최대한 높게 설정하라는 말, 생각은 최대한 크게 하라는 말이 떠올라 그냥 중얼거렸다.

"나는 순자산 7,777억을 가진 부자가 될 거야!"

《돈의 속성》의 저자인 존경하는 김승호 회장을 만났을 때 그의 순자산이 5,000억이었다. 나는 숫자 7을 좋아해서 7,777억으로 내뱉어버렸다. 내가 말하면서도 웃음이 났다. 자신에 대한 비웃음이었다. 빚더미 인생에서 7,777억이라는 숫자가 얼마나 황당한 말인지는 직접 겪어보지 않으면 모른다. 하지만 나는 다짐했다. 내가 사랑하는 가족과 내가 종이에 그려 넣은 꿈, 내가 맛보고 싶은 성공의 맛을 위해서 이 꿈을 꼭 한 번 이뤄보겠다고. 다짐만 했을 뿐인데 높아보였던 하늘이 내 눈앞에 펼쳐진 것만 같았다. 혹여나 꿈이면 어쩌지 싶어 볼 한쪽을 세게 꼬집었다.

그날부터 그렇게 나와 하늘 사이의 간격, 그리고 나와 성공의 간격이 아주 가까이 닿는 것을 스스로 믿어버렸다. 그때부터 내 목표는 순자산 7,777억의 부자가 되는 것이다. 지금도 아주 조금씩 그 꿈을 향해 걸어가고 있다.

계속 시도하고 넘어지다 보면 일어나는 일

....

인생은 회오리다. 호박넝쿨의 여리디 여린 줄기 끝은 회오리 모양으로 말려 있다. 추운 가을 날 낙엽이 바람에 휘날리는 모습을 보면 회오리 모양으로 움직이는 모습을 포착할 수 있다.

무더운 여름을 위협하는 거대한 존재는 토네이도다. 토네이도 역시 회오리 모양으로 거대한 태풍을 만들어낸다. 우리 인생 역시 회오리다. 그것도 가장 커다랗고 강력한 회오리다. 한번 휘말리면 손쓸 틈도 없이 빨려 들어간다. 특히 내 주머니 사정이 깃털처럼 가볍다면 두말할 필요 없이 거대한 회오리에 휩쓸려나가게 된다.

어떻게 인생의 회오리 속에서 살아남을 수 있을까? 방법이 있다. 폭풍 같은 회오리바람을 뚫고 고요한 태풍의 중심축 안으로 들어가는 것이다. 태풍의 눈이라 불리는 가장 중심부는 가장 안전한 곳이다. 그러나 누구나 마음대로 들어갈 수 없다. 거세게 몰아붙이는 태풍을 온몸으로 막아낸 후에야 진입할 수 있기 때문이다. 대부분의 사람들이 자유를 원하지만 위험은 꺼린다. 그래서 태풍의 눈 안에는 아무나 들어갈 수 없는 것이다.

7,777억의 목표를 가진 뒤 나는 태풍의 눈만을 바라보며 가기로 했다. 어떤 험난한 길을 만나더라도 태풍의 눈으로 진입하는 것이 목표이기 때문에 중간에 포기하지 않고자 했다. 만약 내가 고래 꿈을 꾸지 않았다면, 거대한 목표를 갖지 않았다면, 나는 인생이라는 회오리 안에서 허우적대는 못난 인생으로 평생 살아갔을 것이다.

우리는 매일 회오리와 마주한다. 때로는 회오리를 재빠르게 피해야 하고, 때로는 정면 돌파를 해야 하며, 때로는 불가사의할 정도의 힘으로 회오리를 뛰어넘어야 할 때도 있다. 앞으로 내 인생에서 몇 번의 회오리를 만나게 될지 모르겠지만, 태풍의 눈이 가장 안전한 곳이라는 것을 알고 있으면서 도피만 할 수는 없는 노릇이다. 이제 바꿀 때가 되었다. "왜 나한테만 이런 일이 일어나는 거야?"에서 "도대체 어떻게 하면 그곳에 갈 수 있는 거야?"라고.

앞으로 나아가기 위해 시도하다 보면 많이 넘어질 것이다. 인생은 직선이 아니기에 계속 돌아가야 할 것이다. 어쩌면 돌아오더라도 내가 원하던 방향이 아닐 수도 있다. 그렇지만 직진하는 인생은 부러지기 쉽다. 느리더라도 정석대로 탄탄한 성공을 향해 나아가려면 회오리와 친구가 되어야 한다.

그렇게 나의 성공 입성기가 시작되었다. 시도하고 넘어지고, 또 시도하고 넘어지고의 반복이다. 지금쯤 인생을 몇 바퀴나 돌아왔는지 모르겠다. 그러나 중요한 것은 돌면 돌수록 위로 올라가고 있다는 사실이다. 그래서 오늘도 태풍의 눈을 향한 걸음을 멈출 수 없다.

성공으로 향하는 세 가지 관문

아무것도 안 하기의 오류

••••

얼마 전까지만 해도 인생의 피로도가 극에 달했다. 잠자리에 누워도 잠이 잘 오지 않았다. 여러 가지 생각들이 머릿속에 꽉 차 두통을 유발했고, 더 이상 불길한 일들은 일어나지 않았으면 하는 불안함 때문에 가슴이 수시로 두근거렸다. 리스크가 조금만 커져도 또다시 이런 상황으로 내몰리게 만든 내 행동들이 용서가 되지 않았다. 심지어 생각이 마비가 될 지경까지 되기 일쑤였다.

도대체 무엇이 문제였을까? 남들은 가볍게 도전해도 잘만 이루던데 나는 꼬인 실타래처럼 인생이 왜 이 모양 이 꼴일까 원망과 자책만 했다. 그래서 한동안은 아무것도 하지 않고 스스로 원망으로부터 자유를 주기로 했다. 아무 행동도 하지 않으면 원망할 이유가 없을 테니 말이다.

하지만 아무 행동도 하지 않으니 이번엔 자꾸 빈 통장이 괴롭힌다. 무언가를 시도하지 않을 뿐, 매일 생활 소비를 하고 있었다. 의식주, 친구들과의 약속, 가족과의 외식 등 오히려 아무것도 안 하니까 소비가 더 많은 비중을 차지하게 되었다. 내 통장은 시도 때도 없이 경고등을 켰다. 결국 아무것도 실행하지 않고 있다는 것은 더 많은 소비를 하겠다는 말이었다. 그렇게 나의 헛된 시도들은 또다시 원점으로 되돌아왔다.

왜 자꾸 이런 결과가 반복되었을까? 실패의 안경을 쓰고 있었기 때문이다. 그 사실을 알고 다시 새로운 안경으로 교체해서 쓰기로 했다. 그 안경은 성공의 안경이다. 성공의 안경은 흩어진 돈을 나에게로 끌어당겨주었다. 만약 빈 통장 앞에서 성공의 안경으로 바꿔 쓰지 않았다면 나는 무기력증에 빠졌을 것이다. 여전히 잠을 제대로 이루지 못했을 것이고, 불안에 떨며 하루하루를 살았을 것이다.

성공의 안경을 쓴 후로는 매일 아침이 기다려져서 빨리 잠자리에 들고 싶어졌다. 누군가와 대화를 나누고 아이디어를 떠올려 실행할 것이 기대됐고 사람들과의 만남이 기다려졌다.

플러스 시야로 가는 방법

····

어떻게 성공의 안경을 찾아 교체할 수 있을까? 마이너스 시야에서 플러스 시야로 바꾸면 된다. 플러스 시야로 가장 빠르게 변화시켜주는 방법은 청소다. 주변에 좋은 파장이 흐르게 버릴 것은 버리고, 여백의 공간을 많이 남긴다. 꼭 필요한 물건들만 남기고 물건들의 자리를 정해둔다. 정리 정돈과 청소가 잘된 곳에 가면 기분까지 플러스로 전환된다. 동시에 사고법도 플러스로 전환되어 앞으로 내가 시도하고 싶은 것에 영향을 미쳐 좋은 아이디어를 떠올리게 돕는다.

파산 직전의 한 회사에서 파산을 면하기 위해 가장 먼저 외친 구호는 이것이었다.

"쓰레기에 각을 잡자!"

나 역시 인생 파산자를 면하기 위해 가장 먼저 했던 일은 옷장을 활짝 열고 입지도 않는 옷들을 언젠가는 입겠다는 욕심으로 채우고 있던 옷들을 비워낸 일이었다.

사업장에 출근하면 가장 먼저 하는 일은 '10분 환기'다. 어제의 묶은 기운을 버리고, 새로운 기운을 채워넣을 수 있는 가장 쉬운 방법이기 때문이다. 다음은 가장 작은 수건 한 장을 꺼내 이곳에 오는 사람들이 가장 행복했으면 좋겠다는 마음으로 정성스럽게 책상과 이곳저곳을 닦는다. 쌓인 먼지를 비우고 정성과 감사를 채운다. 청소는 플러스 시야의 가장 근본이고, 강력한 힘이다.

주변을 깨끗이 청소했다면 성공의 안경을 쓰고 돈을 끌어당길 준비가 된 것이다. 이제 두 가지 미션을 먼저 풀어보자.

미션 1: 현재 나에게 100만 원이 있다. 3일 동안 120만 원으로 부풀려야 한다. 어떤 방법으로 120만 원을 만들겠는가? 10가지 아이디어를 떠올려보자.

미션 2: 당신에게는 100통의 생수가 있다. 이것을 3일간 모두 팔아야 한다. 어떻게 팔 것인가?

이 두 가지 미션을 읽고 신나서 아이디어를 떠올렸다면 당신은 성공의 안경을 쓰고 있을 확률이 높다. 성공의 안경을 쓴 사람은 '못해'가 아니라 '어떻게 하지?'를 고민하는 사람이기 때문이다.

성공의 안경을 쓰면 나타나는 현상이 있다. 인생에 문제가 생기는 것이 두렵지 않고 즐겁다. 이 문제를 해결하고 나면 내가 얼마나 성장해 있을지 기대가 된다. 또 모든 것이 아이디어로 보인다. 아이디어를 떠올린다는 것은 곧 생각을 돈으로 만드는 방법을 안다는 것이다.

성공의 안경을 쓴 사람들은 예외 없이 아이디어 실행가다. 작은 것이라도 아이디어를 바닥에 그냥 버리는 법이 없다. 나 역시 고객과 미팅하면서 떠오른 아이디어들은 그때마다 즉시 기록해두고 실천한다. 성공의 안경을 쓴 사람은 제자리에 머무는 법이 없다. 항상 움직인다. 누가 시켜서 움직이는 것이 아니다. 스스로 성공을 찾아 나서는 것이다.

성공의 안경을 쓴 사람에게 보이는 세 개의 문

••••

성공의 안경을 쓴 사람의 눈에는 무엇이 보이는 것일까? 성공의 안경에는 세 개의 문이 보인다.

첫 번째 문은 자아의 문이다. 내가 실행하려는 순간 자아의 목소리가 나에게 말을 걸어온다. '정말 도전할 거야? 예상보다 실패 확률이 높을 텐데, 감당할 수 있겠어?' 자아의 문은 나에게 실패를 받아들이지 말라고 독촉한다. 자아의 문을 통과할 수 있는 시간은 5초다. 5초 안에 자아의 문이 말하는 것에 반기를 들고 과감히 도전을 선택해야 한다.

두 번째 문은 현실의 문이다. 자아의 문을 힘겹게 빠져나오니 현실의 문은 더 단단히 닫혀 있다. 그리고는 이렇게 말한다. '세상이 얼마나 위험한 곳인데, 그렇게 호락호락했으면 누구나 다 성공했게? 괜히 험한 꼴 당하지 말고, 조용히 살아가는 게 어때? 지금도 충분히 살 만하잖아!'

현실의 문은 크고 단단해서 엄청난 힘을 가해 열어야 한다. 특히 주변 사람들이 현실의 문을 꽉 잡고 쉽게 열어주지 않는다. 당신은 혼자의 힘으로 최소 5명 이상의 힘을 밀어내고 저항해내야 한다.

마지막 세 번째 문은 기회의 문이다. 기회의 문 앞에는 눈보라가 휘날리고 있다. 강력한 바람 때문에 문고리를 잡기도 쉽지 않다. 하지만 그 문을 열어야 당신은 비로소 성공의 안경을 쓸 수 있을 것이다.

내가 만약 자아의 문과 현실의 문을 힘껏 열지 않았다면, 기회의 문 앞에서 눈보라에 휩쓸려 포기했다면, 나는 지금 이 자리에서 있지 못했을 것이다. 기회의 문은 비밀의 출구였으며, 좀 더 재미있고 신나는 길, 좀 더 버라이어티한 길, 리얼한 길이었다. 결국 나는 스스로 이긴 셈이다.

성공의 안경을 쓴 사람은 세 개의 문을 통과해 기를 모아 불끈 주먹 쥔 두 손에 어떠한 길도 자유롭게 걸어갈 수 있는 성공의 로드맵을 차지한 사람이었다. 중요한 사실은 안경이 벗겨지는 순간 맹인이 된다는 것이다. 그래서 평생 성공의 안경을 벗지 않으려고 노력해야 한다.

뜬구름 잡는 소리가 실현되다

가장 자유로운 시간을 빛나게 만드는 법

••••

직장에 다닐 때 출근하는데 걸리는 시간이 2시간 내외였던 적이 있다. 아침마다 두 번의 버스를 갈아타고 지역의 끝과 끝을 매일 이동하며 4년을 보냈다. 장거리 이동에 지칠 만도 한데 나에겐 그 시간이 꿀 같은 시간이었다. 출퇴근 시간이 오래 걸리는 것이 누군가에게는 회사를 이직해야 하는 사유가 될 수 있지만 나에겐 그 시간이 나 자신에게 주는 힐링의 시간이었다.

똑같이 주어진 시간을 어떻게 보내느냐의 몫은 그 사람의 역량에 달렸다. 나는 출근 시간에 보통 '생각'을 했다. 내가 살고 싶은 집, 내가 회사를 그만둔다면 하고 싶은 일, 가족과 함께 가고 싶은 여행지에서 여유롭게 즐기는 모습을 말이다. 회사에 가면 내 시간에 제약이 생긴다. 회사에서의 시간은 내 시간을 회사가 고용한 것이므로 자유로울 수 없다. 그래서 자유로운 생각도 불가능하다. 그러나 이동하는 시간은 온전한 나의 자유시간이다. 자유롭게 무엇이든 생각할 수 있다. 내가 나에게 준 가장 큰 자유는 내 꿈을 마음껏 누려보는 것이었다. 나는 직장인일 때도 나만의 자유가 좋았다. 오롯이 내가 꿈꾸는 생각들을 모아갈 때 살아갈 힘이 났다.

직장인으로 살아가다 끝도 없는 위기에 부딪히자 고민 끝에 더 이상 직장에 매여 있을 수 없다는 결론이 나왔다. 그렇다면 나는 어디서부터 다시 시작해야 할까? 자유로운 생각에 다시 초점을 맞췄다. 직장을 그만두고 진짜 자유로운 영혼이 되니 생각의 갈피가 지그재그 모양으로 흩날렸다. 그러나 그런 생각까지도 담담하게 내 안에 담아보려 노력했다.

운명을 바꾼 책 한 권

••••

현재 나는 내 생각의 투자자다. 인생이라는 거대한 벽 앞에서 치열하게 독서하는 인생을 살았기에 내 생각이 인생 자산임을 믿는다. 사실 현실에서 생각밖에 믿을 게 없다.

직장을 그만두고 몇 달을 책에 파묻혀 살았다. 어느 날 커피를 석 잔이나 마셔 잠이 오질 않았다. 거실 한쪽 벽에 놓인 조그만 책장에서 오래전에 사두고 묵혀두었던 책을 꺼내 집었다. 첫 장부터 충격적인 내용이었다.

나는 앉은 자리에서 4시간 만에 그 책을 완독했다. 그리고 그 책 마지막장을 덮자마자 교육사업가가 되기로 결심했다. 그 책의 제목은 《생각하는 인문학》이었다. 그 책에서 내가 가장 충격 받은 문장은 여기였다.

> 《논어》, 《맹자》, 《통치론》, 《사회계약론》 같은 인문고전을 읽고 사색하고 깨닫는 과정 대신 사교육 종사자가 정리한 요약본만 잘 외워도 얼마든지 좋은 점수를 받을 수 있는 교육 제도를 도입한다면 어떻게 될까? 그리고 자신들에게 충성하는 타락한 인문학자들을 통해 '조선이 《논어》와 《맹자》 때문에 망했다.'는 식의 헛소문을 퍼뜨리고, 고전은 인문학부 교수들이나 읽는, 시대에 뒤떨어진 고리타분하고 비실용적인 책이라는 생각을 국민의 뇌리 깊숙이 심는다면 어떻게 될까? 국민은 인문고전을 멀리하게 될 것이고, 생각 없이 살게 될 것이다.
>
> - 이지성, 《생각하는 인문학》, 차이정원, 2015, p.17~18

그제야 내가 얼마나 생각 '당하는' 삶을 살아왔는지 깨닫게 되었다. 그때부터 남편과 나는 일반 자기계발서는 물론 인문학 책도 아주 실용적인 자기계발서처럼 읽기 시작했다. 인문고전도 지식을 채우기 위한 책이 아닌 철저하게 실용서처럼 읽는 것이 얼마든지 가능했다. 《생각하는 인문학》을 먼저 읽고 권유해 준 남편에게 어느 날 제안했다.

"여보, 우리 교육 사업합시다."

어느 날 찾아온 뜬구름의 기적

••••

"인문학이라니? 인문학 가르쳐서 밥이나 먹고 살겠니?"

가족과 지인으로부터 처음 들은 피드백이다. 나도 인문학이 무엇인지 몰랐다. 그냥 마음이 시켰다. 인문학은 재벌들만 배우는 학문 아니었나? 인문학 하면 벌써부터 지루하고 따분하지 않은가? 모든 사람들의 마음이 그러할 것이다. 그런데 《생각하는 인문학》을 읽고 내가 인문학을 배우지 못해 실패한 인생을 살았다는 것을 깨달았다. 사람들에게도 인문학의 힘으로 스스로 생각하게 하는 법을 알리고 싶었다. 나는 남편과 함께 교육 회사를 차리기로 마음먹었고 계획한 대로 하나씩 실행해나갔다.

교육 회사를 차리기로 마음먹었을 때 맨 먼저 통장 금액을 확인했다. 초라하기 짝이 없는 숫자에 헛웃음이 났다. '뒤에 숫자 0이 딱 1개만 더 붙었으면……' 간절히 바라면 이루어진다던데 너무 허황된 소리였을까? 내 통장엔 비웃기라도 하듯 300만 원이란 숫자가 가냘프게 적혀 있었다.

사업을 하려면 적어도 보증금과 최소한의 인테리어 비용, 몇 달간 유지비 정도는 필요했다. 지금 상황에서 사업을 시작한다는 것은 뜬구름 잡는 소리나 마찬가지였다. 하지만 포기하고 싶지 않았다.

나는 어떻게 했을까? 돈이 들어가지 않아도 시작할 수 있는 일들을 계획했다. 내가 살고 있는 주변 사람들부터 돕자는 마음으로 재능 기부 특강을 준비했다. 감사하게도 약 마흔다섯 명 정도가 첫 강의에 와 주셨다. 남편이 강의를 하고 나는 그 외 모든 것을 기획하고 준비했다. 주민센터에 전화해서 재능 기부 특강에 대한 이야기를 말씀드렸고, 무료 대관을 받았다. 재능 기부에 들어간 돈은 오신 분들께 대접해드렸던 음료수 세 병 값밖에 없었다.

그다음은 독서모임을 만들었다. 내가 힘들 때 독서모임에서 많은 에너지를 받았고, 그곳에서 만난 분들 덕분에 많이 성장할 수 있었다. 그래서 나도 봉사하고 나누자는 마음으로 독서모임을 만들었다. 처음엔 아파트 커뮤니티에서 아주 소수의 인원으로 시작했다. 나와 남편, 신청자 한 분 포함 세 명만 참석해서 진행되기도 했다. 마땅히 고정된 장소가 없어서 매번 장소를 이리저리 옮겨 다녀야 했다. 카페, 아파트 커뮤니티, 교회 등 장소를 매주 대여하는 것도 쉬운 일은 아니었다.

그러던 어느 날 우리 독서모임을 꾸준히 지켜보시던 한 분께 몰래 연락이 왔다. 우리의 노력을 보곤 보증금을 무료로 빌려줄 테니 연구소를 하나 얻으라며 무려 3,000만 원을 빌려주셨다.

너무 놀라서 손이 떨렸다. 통장 뒤에 '0' 하나 더 붙었으면 좋겠다고 중얼거렸던 말은 3개월 만에 현실이 되었다. 그렇게 이곳저곳 쫓겨 다니며 힘겹게 유지해나가던 독서모임은 현재 170회를 넘기고 있다. 그리고 번듯한 연구소도 마련하게 되었다. 뜬구름 잡는 것 같던 이야기들은 하나둘씩 기적이 되었다.

기적의 씨앗을 심을수록 생기는 것

••••

사업을 위해 처음 마련한 공간에 연구소 둥지를 틀고 하루하루 치열하게 살았다. 직장에 다닐 때보다 몸은 힘들었지만 일은 300배쯤 재미있었다. 사업이란 것은 자유와 책임을 요하기 때문에 내 체질에 딱 맞는 느낌이었다. 그렇게 1년쯤 지나보니 처음 시작할 때보다 매출이 4배 정도 증가했다.

우리 교육사업의 메인은 초등학교에 다니는 아이들과 학부모였다. 그런데 연구소 근처에는 아이들보다 어르신들이 더 많았다. 조금 더 저렴한 곳만 찾아가다 보니 시장조사를 무시하고 가격만 쫓아갔던 것이다. 다시 뜬구름 마인드가 작동했다. 인천에서 가장 좋은 교육 핫 플레이스 송도로 연구소를 옮기고 싶었다. 연구소를 이전하려면 비용이 많이 들어갈 텐데 굳이 옮길 필요가 있을까 하는 남편의 의견이 있었으나 그럴수록 송도에서 다시 시작해야겠다는 마음이 더 커져만 갔다.

몇 날 며칠 송도 이곳저곳을 살피며 내가 원하는 장소를 찾았다. 현재 연구소에서 있는 불편사항들을 한 번에 해결해 줄 수 있는 곳이었다. 문제는 월세였다. 월세가 대략 100만 원 이상 차이가 났다. 하지만 나는 뜬구름을 믿었다. 생각이 발현되는 순간 방법은 찾아질 것이라 믿었다. 나는 연구소를 내놓고, 계약이 되자마자 송도에 과감히 새로운 장소를 얻어 계약했다. 초기 비용 때문에 처음엔 눈물 나게 힘들었지만 그럴수록 더 내공을 다져 위기를 모면해나갔다. 그렇게 현재 교육 연구소는 3년째 송도에서 잘 운영되고 있다. 그리고 다음 목표지를 향해 오늘도 뜬구름을 잡아 본다.

연구소를 만들고 본격적으로 교육 사업을 시작하면서 우리 교육을 좋아해주시는 분들이 하나둘씩 생기기 시작했다. 인문학 때문에 만들어진 회사지만 인생을 살아갈 때 필요한 자기관리 스킬, 나 자신을 찾도록 돕는 교육 등 다양한 교육 세미나들을 진행했다. 신기하게도 수강생들 스스로가 자신의 역량을 업그레이드하다 보면 그 끝자락에 인문학이 중요하다는 사실을 자각하면서, 자발적으로 인문학 공부를 시작하는 모습을 보게 됐다. 더 이상 인문학 공부가 뜬구름 잡는 공부가 아니게 된 것이다.

기적은 멀리 있는 것이 아니다. 기적은 행동하는 자에게 찾아오는 선물이다. 기적의 씨앗을 심는 방법은 이렇다. 먼저 가능성은 있지만 극히 희박한 뜬구름 같은 생각들을 매일 하루 한 가지씩 하는 것이다. 요즘 심는 생각은 다음과 같다.

• 강남의 제일 좋은 자리에 교육 회사를 만드는 것
• 가족과 함께 전 세계에서 제일 비싼 호텔에 6박 7일 묵는 것
• 전 세계 10곳에 내가 하는 교육 사업을 모토로 국제학교를 만드는 것

지금 현실로는 말도 안 되는 이야기다. 그러나 나는 매일 기적의 씨앗을 심으며, 이 씨앗이 어떤 방법으로 이루어질지 무척 기대된다. 중요한 것은 걱정 대신 철저히 기대해야 한다는 점이다.

뒤돌아 생각해보니 모든 순간 내뱉은 말이 뜬구름 잡는 소리였다. 그런데 그 뜬구름 잡는 소리들이 돈이 되었다. 기회가 되고 기적이 되었다. 내 사업도 어느 날 문득 책을 읽다 떠오른 것이지만 지금 그 교육 사업 덕분에 아주 잘 먹고 더 잘살 수 있게 되었다.

혹시 주변에 뜬구름 잡는 소리를 자주 하는 사람이 있는가? 부자가 될 징조이니 그 사람이 어떻게 그 소리들을 현실화시켜 나가는지 지켜보고 응원해주어야 한다. 나는 여전히 뜬구름 잡는 소리 마니아다. 덕분에 매번 남편이 힘들어하는 게 조금 흠이지만.

나만의 새로운 타이틀을 발견하다

40대 주부, 아이 셋 엄마, 쌍둥이 육아맘. 제 이름은 사라졌고 엄마, 주부, 아내, 며느리로 살아갔습니다. 일상이 너무 정신이 없어 밥은 코로 먹는 건지, 입으로 먹는 건지 누가 쫓아오듯 물에 말아 불은 밥을 후루룩 마셨습니다. 전쟁 같은 하루가 끝나고 나서 겨우 아이들이 자고 나면 그 시간이 너무 좋아 밤을 불태웠습니다. 재미없는 프로그램도 멍하니 보고, 여행 다니는 친구들, 잘살고 있는 친구들 SNS에 들어가 나 자신을 비교하며 우울해했습니다. 다음 날 겨우 일어나면 도돌이표 같은 일상이 다시 시작됐고, 점점 지쳐만 갔습니다. 화가 났고, 무기력했고, 왜 나만 이렇게 살아야 하나 불평하며 나를 아프게 했습니다.

어느 날, 아이들이 웃으며 놀고 있는 모습에 이유 모를 눈물이 쏟아졌습니다. 한참 울고 나니 한 녀석은 휴지를 가져와 고사리 같은 손으로 눈물을 닦아주었고, 한 녀석은 내 눈에 반창고를 붙여주었습니다. 그 모습에 더 펑펑 울었습니다. 아이들에게 너무 미안한 마음이 들어서겠지요. 내 마음을 리셋하고, 건강한 마음을 가진 엄마가 되고 싶었습니다. 어떻게 해야 바꿀 수 있을까? 우리 아이들한테 좋은 엄마가 되려면 어떻게 해야 할까? 이런 고민 가운데 제 인생의 터닝포인트를 갖게 되었습니다. 내 삶의 모습을 바꿔줄 '행동력'을 키우게 된 것입니다.

처음에는 행동의 목표점을 정하기가 막막했습니다. 내가 무엇을 하고 싶은지, 무엇을 원하는지 몰랐기 때문입니다. 고민 끝에 선택한 것이 '부(富)'라는 키워드였습니다. 부와 관련된 책을 읽고 아이디어 노트에 삶에 적용할 점과 실행할 것을 뽑아 함께 행동력을 키우는 사람들끼리 모여 매주 성과 발표를 했습니다. 예전처럼 하루 생존이 목표가 아니라 나를 성장하는 일에 집중했고, 독서를 하면서 실행까지 이어지니 예전처럼 시간을 갉아 먹지 않고 알차게 사용할 수 있었습니다.

꿈꾸는 것들을 사진으로 시각화해 매일 볼 수 있게 했고, 매일 세 가지의 소원을 쓰면서 꿈이 이루어진 모습을 내 무의식에 100일 동안 입력했습니다. 당시 76킬로그램이었던 체중에서 1년 만에 25킬로그램을 감량했고 실제로 꿈이 이루어졌습니다. 사람들은 저에게 체중감량 비법을 물어봅니다. 하지만 비법은 누구나 다 알고 있습니다. 단지 포기하고 꾸준한 실행을 하지 못한 것일 뿐. 저는 이 시간을 통해 말 열 마디보다 실행 한 번이 얼마나 큰 힘을 발휘하는지 알게 되었고, 건강한 습관을 만드는 데 많은 도움을 받았습니다.

사람들 앞에서 독서하면서 느낀 아이디어 실행을 발표하면서 많은 것을 느끼고 배웠습니다. 각기 다른 분야에서 활동하기 때문에 생생한 아이디어를 접할 수 있었고, 제 삶에 적용해서 더 성장하는 기회를 만들 수 있었습니다. 일주일에 한 번씩 힐링 주사를 맞는 것 같은 그 시간을 매주 설레는 마음으로 기다렸습니다.

매일 아침마다 일어나 긍정문을 외쳤습니다. "나는 나를 사랑한다. 나는 백만장자 마인드를 가졌다. 나는 오늘도 모든 면에서 좋아지고 있다. 오늘도 나에게 찾아오는 엄청난 행운을 기꺼이 받아들일 것이다. 나는 그 행운에 압도될 것이다. 나는 오늘도 최고 수준의 인생을 살 것을 결단한다. 다른 선택의 가능성을 잘라버렸다. 나는 운이 좋다. 나는 운이 너무 좋다." 아침에 헐레벌떡 일어나 일상을 시작했던 하루와 달리 아침마다 긍정문을 외친 하루는 비교할 수 없을 만큼 에너지가 너무나 달랐습니다. 내가 말한 대로, 내가 생각한 대로 흘러가는 일상들. 이 작은 행동의 실천들이 '나는 할 수 있어. 포기하지만 않으면 돼'라는 자신감을 갖게 했습니다. 나에게 주어진 하루가 참 감사했고 가치 있는 시간을 쓰도록 노력했습니다.

이 과정이 마무리되어갈 즈음 '내가 원하는 게 정말 부인가?' 하는 고민에 빠지게 되었습니다. 아무리 생각해봐도 아닌 것 같은데 난 도대체 무엇을 원하는 거지? 자다가도 벌떡 일어나기도 했습니다. 그렇게 며칠이 지나고 머릿속에 번쩍 하면서 '예전의 나'라는 이미지가 그려졌습니다. '맞아, 나와 같은 힘든 엄마들이 있을 거야. 그들을 도울 수 있는 방법이 있지 않을까?' 내가 행동력을 키운 것처럼 제 꿈의 방향은 그녀들에게 좋은 영향을 주는 사람이 되는 것이었습니다.

꿈도 목표도 없이 하루를 살다 보면 무기력한 나를 만나게 됩니다. 내가 무엇을 해야 할지 모르기 때문이지요. 작은 꿈이 있다는 것만으로 삶 자체가 즐거워집니다. 꿈을 이루기 위해 목표를 세워야 하고 목표를 이루기 위해 To do list를 만들어 실행하는 과정이 비타민처럼 톡톡 터지는 삶을 살게 합니다. 꿈이 많은 사람은 에너지가 넘칩니다. 배움, 열정, 행동력 이 3박자가 모두 이루어지기 때문입니다. 저는 꿈 부자이면서 실행가로 살기로 다짐했고 다시는 무기력함에 나를 맡기지 않기로 결단했습니다.

마지막 발표를 하면서 눈물이 났습니다. 목은 늘어지고 무릎 나온 추리닝에 초점 없이 살던 제가 행동력을 만나 꿈을 꾸고, 그녀들에게 어떤 도움을 줄 수 있을지 고민합니다. 나눔을 생각하는 넉넉해진 사람이 되었고, 제 신념을 종이 위에 꾹꾹 눌러 썼을 때 가슴이 뭉클했습니다. '난 할 수 있어. 포기하지만 말고 꾸준히 걸어가자'라는 자신감이 저를 더 단단하게 만들어주었습니다. 이 모든 게 꿈이 생겼기에 가능하게 되었지요.

저는 지금 25킬로그램의 체중감량의 경험과 노하우를 블로그에 공유하고 있습니다. 많은 분들이 무리하지 않고 건강하게 체중을 감량했으면 하는 바램으로 만들었습니다. 이처럼 행동력은 저에게 건강 메신저라는 타이틀을 선물해주었습니다. 제 2021년 꿈 리스트는 차곡차곡 쌓여갑니다. 마치 곳간에 양식이 쌓이듯 마음도 풍성해집니다.

- 최윤정

2

Challenge

성공을 향해 도전할 준비가 되었는가

●

남들이 안전하다고 생각하는 것보다 더 큰 위험에 도전하라.
남들이 합리적이라고 생각하는 것보다 더 큰 꿈을 꿔라.

– 하워드 슐츠

노력보다 중요한 것

노력이 인생의 답은 아니다

••••

1년 중 인생에 대한 기대를 가장 많이 하는 시기는 1월 1일이다. 새해라는 이름은 지난해의 실패들을 만회할 수 있는 좋은 포장지다. 비록 아무것도 가진 것 없는 인생이라도, 새날이 시작됨과 동시에 기대와 행복을 머금고 무엇이든 이룰 수 있을 것만 같은 희망 워너비가 된다.

내 인생에 대한 평가를 가장 많이 하는 시기는 12월이다. 연말이 되면 '반반 인생'을 논한다. 열심히 살지 못한 후회 반, 다가올 새해에 열심히 하면 된다는 위로 반. 또 하나의 반반은 이렇다. 노력하면 다 이룰 수 있은 거라는 믿음 반, '내가 노력한다고 되겠어?'라는 의심 반.

거울의 법칙이 있다. 내게 일어난 일들은 내가 생각한 대로 현실에서 나타난다는 법칙이다. 지금 내 마음은 현실에서 어떻게 비춰지고 있을까? 반반 인생? 헛된 인생? 행복한 인생? 모든 인생에 정답은 없다. 인생 자체를 바라보는 내 관점만 있을 뿐.

인생에서 노력하면 다 이뤄질까? 그게 사실이라면 10번 시도해서 치열하게 노력하면 10번 모두 기적을 맞이해야 한다. 인생에서 실패란 존재하지 않아야 한다. 노력의 질만 다를 뿐 모두가 자기 페이스에 맞춰 노력하고 있을 테니까. 그런데 인생은 왜 정답이 없을까? 최선을 다한 노력만이 답이 아니기 때문이다.

모든 인생은 경우의 수를 지닌다. 주사위를 10번 던져서 3이 나올 확률은 얼마나 될까? 최악이라면 아예 나오지 않을 수도 있다. 즉 10번 시도해도 내가 원하는 결과가 한 번도 나오지 않을 확률이 존재한다는 것이다. 운칠기삼은 이런 상황을 빗대어 하는 말이다.

노력이 답이 아니라면 무엇이 답일까? 우리에겐 거대한 자본도, 경우의 수를 100퍼센트 뛰어넘을 운도 없다. 대신 인생의 해답을 만들어 갈 보통의 상식들을 활용할 수 있다. 인생의 길잡이가 될 보통의 상식들은 내가 도전하는 인생 게임에서 승리할 확률을 높여준다. 단번에는 아니더라도 내가 가고자 하는 곳으로 조금씩 나를 데려다 줄 수 있다. 보통의 상식을 모른 체로 노력하는 것은 두 눈을 감고 물건을 찾으러 다니는 것과 같다. 보통의 상식들은 노력보다 중요하다.

타이밍을 찾아라

• • • •

성공 확률을 높이는 인생이 되고 싶다면 먼저 점검해야 할 것이 있다. 바로 타이밍이다. 이것은 투자 고수들이 가장 강조하는 것인데, 인생에도 마찬가지로 타이밍이 중요하다. 밀물처럼 운이 몰려드는 타이밍이 있고, 썰물 빠지듯 재빠르게 기운이 빠져나가는 타이밍이 있다. 인생 고수들은 자신의 운이 가득 차는 타이밍을 놓치지 않는다. 기회가 들어오고 있다는 사실을 직감적으로 느끼는 것이다. 그렇다면 자신에게 타이밍이 왔다는 사실을 어떻게 알까? 그리고 어떻게 하면 타이밍을 놓치지 않을까?

인생 고수들이 타이밍을 아는 것은 인생의 썰물 시기에도 포기하지 않고 부지런히 씨를 뿌렸기 때문이다. 농부는 더울 때도 추울 때도 자신의 땅에 꾸준히 씨를 심는다. 날마다 척박한 땅을 고르고 씨앗을 심을 수 있는 이유는 언젠가 그 씨앗이 자라 과실을 맺는다는 사실을 알기 때문이다. 영양 가득한 과실을 맺을 수 있는 것은 농부가 사시사철 쉬지 않고 애정을 담아 관리해주었기 때문이다. 농부는 게으르지도, 서두르지도 않는다. 다만 과실을 수확할 때와 씨앗을 뿌릴 때를 알고 꾸준히 일구어 간다.

과실을 맺는 시기는 인생의 운이 가득 차는 시기와 같다. 그동안 힘들게 뿌려 놓은 씨앗이 튼실한 과실을 맺으면 적당한 시기에 수확해 제 값에 판매한다. 인생 고수들 역시 농번기의 사이클이 인생에도 존재한다는 상식을 알고 타이밍을 잡는다.

반면 인생 하수는 정확히 거꾸로 간다. 인생이 잘나갈 때는 삶이 편안하니 마음껏 놀고 마시느라 아무것도 하지 않는다. 인생이 곤해질 때면 막막해진 앞날에 대한 두려움으로 한껏 움츠리고 온갖 불안한 걱정과 변명만 늘어놓는다. 인생 하수들에겐 우연 같은 타이밍의 기적 대신 필연적 실패만 존재한다.

인생의 운전자본을 만들어라

····

노력에 운을 더해주는 것이 또 하나 있다. 바로 운전자본이다. 운전자본이란 사업을 운영하는 데 필요한 여유 자금으로 사업에서 중요한 부분을 차지한다. 첫 창업을 하는 사람들이 자주 실패하는 이유는 운전자본에 대한 보통의 상식을 모르기 때문이다. 특히 시즌을 타는 사업이라면 운전자본은 아주 중요한 역할을 한다. (제품이 잘나가는 시기를 위해 제품을 대량생산할 때 운전자본이 중요한 역할을 한다.) 우리 인생도 잘 풀리게 하려면 윤활유 같은 운전자본이 필요하다. 인생의 운전자본이란 무엇일까? 두 가지 의미로 해석해보겠다.

첫 번째는 '인생을 살아가는 전략'이다. 내 인생에서 잘사는 전략이 있는 사람은 효율성을 아는 사람이다. 전략가는 무모한 도전 대신 현명한 실행을 한다. 사업도, 인생도 극대화된 효율성을 갖추기 위해서는 전략이 중요하다. 앞서 인생에는 타이밍이 존재한다고 했다. 우리에겐 이 타이밍을 활용할 수 있는 전략이 있어야 한다. 잘못된 전략으로 후퇴는 할지라도, 아무 전략도 없이 인생을 살아가는 것은 바로 앞에서 적진에 땅을 빼앗기는 순간에도 눈뜬 봉사가 되는 것과 같다.

전략은 계획과는 다르다. 계획은 미래를 만들어내기 위해 만드는 것이고, 전략은 현재에서 가장 좋은 효과와 효율성을 얻는 법을 찾아내는 것이다. 전략은 10배 성장한 인생을 살아갈 수 있는 아주 중요한 보통의 상식이다. 아무도 내 인생을 책임져 주지 않는다. 인생은 오직 내 책임이다. 내 인생 퀀텀 점프를 위해 적어도 인생 전략 세 가지 정도는 갖추고 있어야 한다.

두 번째는 '최고가 되지 않으려는 마음'이다. 나는 모든 것을 완벽하게 할 줄 아는 마스터 인격체가 아니다. 잘하는 것보다 부족한 것이 더 많다. 어느 때는 억지로 열정을 쥐어짜낼 때도 있고, 아무것도 하기 싫은 날도 있다. 야식을 먹는 것이 몸에 좋지 않다는 것을 알고 있지만 그렇게 실천하지 못할 때가 더 많다.

최고 대신 유일한 존재가 되고 싶은 것, 이것이 내가 생각하는 성공의 척도다. 누군가와 아등바등 경쟁해서 빼앗기고 빼앗는 것보다는 유일한 나만의 길을 창조해서 나만의 보폭으로 걷거나 뛰는 것이 좋다. 지금껏 그 방법과 루틴대로 지속가능하게 사업도, 나 자신도 성장해 왔다.

최고가 되려는 마음은 두 가지 피해를 만든다. 첫 번째는 임의의 경쟁자를 만든다. 경쟁자와 이유 없이 원수가 된다. 서로를 짓밟고 올라가야 하기에 흠집을 내며, 상처뿐인 경쟁 속에 놓인다. 괜한 미움이 커져 인생이 불행해진다. 두 번째는 자만심을 낳는다. 성공 경험을 할 때마다 내가 최고라는 마음을 지니면 사람들로부터 질투를 사고 미움을 받는다.

최고가 되겠다는 마음은 인간의 본성을 이해해야 하는 보통의 상식을 모르기 때문에 생기는 것이다. 최고가 아니라 유일한 사람이 되려고 노력해야 사람들의 관심과 사랑을 받을 수 있고 더 많은 사람을 도우며 돈을 벌 수 있다. 최고가 되겠다고 마음먹는 대신 이 세상에서 그 누구도 대체할 수 없는 유일한 존재가 되어야 한다.

아마추어는 헛스윙만 하고 프로는 안타를 노린다

프로의 세계엔 아마추어가 없다

····

나는 경력으로 볼 때 아마추어 사업가다. 사업이란 것을 시작한 지 이제 6년 차기 때문이다. 창업가들이 가장 위험하다고 하는 창업 후 3년, 죽음의 계곡(Death Valley)을 갓 건넜다. 처음엔 아무도 내 사업에 대해 긍정하는 사람이 없었다. "그 사업은 딱 봐도 망할 각이네." 심지어 멘토도 말리는 사업이었다. 밥 먹고 살기도 힘들 거라고 했다. 그런 내가 5년 차에 회사를 10배 키웠다. 나는 내 사업의 크기가 아직 1,000배 정도 더 커질 거라고 믿고 있다. 그리고 그렇게 만들 것이다.

나 같은 아마추어 사업가가 무슨 배짱으로 1,000배 커질 거라고 단언할까? 방법은 간단하다. 아마추어처럼 사업하지 않으면 된다. 즉 처음부터 프로답게 사업하는 것이다.

아마추어의 시선과 프로의 시선은 다르다. 나는 경력은 아마추어지만 사업을 키우는 방법은 프로의 시선으로 접근한다. 어떤 사람은 그 분야에서 10년쯤 경력이 쌓여야 프로 혹은 장인이 된다고 한다. 하지만 그 말이 10년 동안 아마추어여야만 한다는 뜻은 아니다. 사업가는 이미 사업 첫날부터 프로여야 한다. 사업가가 아니더라도 우리 모두는 프로의 접근법을 익혀야 한다. 적어도 내가 지금의 자리보다 돈 버는 능력을 10배 더 키우기 위해서는 말이다.

어떤 사람들에게는 사업이 제2의 소극적 소득을 위해 일하는 선택사항일 수 있지만 나는 아니었다. 치열한 경쟁사회에서 살아남아야만 하는 생존의 문제였다. 선택이 아니라 생존이 걸린 일이었기에 단 한 번의 기회도 허투루 날려버릴 수 없었다. 시간이 지나면서 기회를 잡고 또다시 기회가 찾아오게 하는 나만의 비법이 생겼다. 내게 주어진 기회를 잘 부풀려 되돌려 보내면 이내 더 큰 기회가 다시 나를 찾아왔다.

기회를 무시해서 놓치는 사람은 아마추어다. 기회를 붙잡아 더 큰 기회로 만드는 사람은 프로다. 아마추어 시절에도 프로의 경쟁력을 갖춘 사람이 결국 더 큰 기회를 잡는다.

프로와 아마추어의 차이

••••

1등과 2등의 간극은 아주 미세한 차이다. 하지만 아마추어처럼 하느냐, 프로답게 하느냐 그 두 가지 차이에서 비롯되는 인생의 결과는 10배 차이로 벌어진다. 나는 시간과 경력이 쌓여 프로가 되는 것이 아니라 처음부터 프로처럼 생각하고 행동하는 법을 알려주고 싶다. 프로와 아마추어는 다음 네 가지 차이가 있다.

아마추어는 이것저것 시도하고 프로는 원하는 목표에 집중한다

아마추어는 목적과 방향성 없이 이것저것 시도한다. 자잘하게 다가오는 기회를 다 움켜쥐려고 하다 결국 큰 기회를 놓친다. 시도해야 하는 명분도 목적도 없으므로 시도해보고 아님 말고 식이다. 그러다 문제가 발생하면 원인을 찾아 해결하지 않고, 급한 불만 끈다. 그러나 진짜 문제는 항상 곪을 때까지 수면 위로 드러나지 않는 법이다. 정작 진짜 큰 불은 잡지도 못하고 실패한다. 이것저것 시도하느라 에너지 방전은 물론 진짜 실력도 키우지 못했기 때문이다.

반면 프로는 원하는 목표를 이루기 위해 먼저 불필요한 것들을 제거한다. 목표를 이룰 때 방해가 되는 것들을 먼저 가지치기한 후에 원하는 목표에 온 힘과 에너지를 쏟는다. 원하는 방향에 꽂힌 깃발을 얻기 위해 전력 질주를 한다. 방해가 되는 것들을 이미 제거했기 때문에 지치지 않고 오래갈 수 있다. 아마추어는 철새고, 프로는 독수리다. 철새와 독수리 중 누가 새들의 왕이 될까?

아마추어는 소비하고 프로는 생산한다

인간이 초단기 기간 동안 문명을 발달시키고, 경제를 발전시킬 수 있었던 것은 누군가 자신의 욕망을 이룰 수 있게 무언가를 창조했기 때문이고, 불만을 해결하기 위해 자신의 개선안을 현실화했기 때문이다. 지금 내가 글을 쓰고 있는 이 노트북도 누군가 '이동할 때 휴대하기 편리한 컴퓨터'라는 아이디어를 직접 만들어 냈기 때문이다.

우리 모두는 소비자인 동시에 생산자다. 다만 아마추어는 누군가의 생각과 아이디어를 즐기고 소비하고만 싶어 한다. 대신 프로는 생산 모드로 시간을 채운다. 아이디어 노트에 자신의 아이디어를 생생히 기록하고 사람들의 불평을 듣고, 그것을 해결해주는 해결사가 된다. 돈을 벌고 싶으면 내 삶에서 생산이 주가 되어야 한다. 모든 성과의 기준은 생산성이다. 내가 보내는 하루가 생산적 하루인지, 소비의 하루인지 점검해보자.

아마추어는 배움에 집중하고 프로는 배우는 동시에 아웃풋한다

삶은 배움의 연속이다. 모든 사람은 경험을 통해 배우고, 지식을 채우며 배운다. 누구나 배움의 중요성에 대해 잘 알고 있다. 배움에는 1단계와 2단계가 있다. 1단계는 인풋 단계다. 내가 배우고자 하는 것을 많은 양의 지식으로 채운다.

배움의 2단계는 배운 것을 즉시 아웃풋 하는 단계다. 배출이 원활하지 않으면 채울 수 없다. 비워야 채울 수 있는 것이다. 배운 것을 비우는 것은 직접 실행하는 것이다.

1단계 배움에서 멈춘다면 우리는 아마추어 인생이 된다. 프로는 2단계가 훨씬 더 중요하다는 사실을 안다. 평생 배움의 2단계를 실행한 사람을 꼽자면 이어령 박사가 있다. 이어령 박사는 여전히 글을 쓰고, 자신을 개발해 영향력 있는 삶을 살고 있다. 아마추어는 배움의 1단계에서 멈춘다. 프로는 배움의 2단계를 평생 실천한다.

아마추어는 좁고 얕으며 프로는 넓고 깊다

엄지와 검지를 맞대고 동그랗게 모아보아라. 그리고 한쪽 눈을 감고 다른 한쪽 눈을 뜬 채 엄지와 검지를 맞댄 손을 눈앞에 대보라. 두 손가락 안에 만들어진 동그라미 사이로 시야가 보일 것이다. 다음은 다섯 손가락을 느슨하게 주먹 쥐듯 모아 쥐고 한쪽 눈에 대 보아라. 다섯 손가락 틈으로 얼마만큼의 시야가 보이는가? 아마추어는 이렇게 점점 좁고 얕은 시야에 스스로 갇힌다. 즉 전문분야만 강조하다가 다른 길을 못 본다.

프로는 어떤가? 온 세상이 호기심 덩어리다. 세상에서 알게 된 많은 상식들, 배우고 익힌 것들을 갖고 나만의 스타일로 재구성하고 활용한다. 진정한 프로는 많은 것을 알되, 내 분야에서도 탁월한 결과를 만들어낼 줄 안다. 아마추어의 세상은 한 쪽 눈을 가린 채 주먹 쥔 사이에 보이는 세상만 존재할 뿐이지만, 프로의 세상은 온 세상이 나의 무대고, 나를 성장시켜 줄 터전이다.

앞으로 프로와 아마추어의 양극화는 더 심해질 것이다. 아마추어가 프로가 되기 위해서는 프로의 방식으로 시간을 채워야 한다. 핵심은 시간이 지나면서 프로가 되는 것이 아니라 처음부터 프로처럼 안타를 노려야 한다는 것이다. 처음부터 프로가 될 마음이 없다거나 방법을 모르면 시간이 지나도 영원한 아마추어로 남는다. 영원히 미생으로 살고 싶지 않다면 프로처럼 안타를 노리자.

돈을 끌어당기는 작은 차이

생각과 실행보다 중요한 것

••••

내가 좋아하는 말은 '행동하는 사람처럼 생각하고, 생각하는 사람처럼 행동하라'는 말이다. 이것은 실행 없이 생각만 하거나, 아무 생각 없이 무작정 실행하기만 하는 삶을 경계하는 말이기도 하다. 인생에서 아무 문제도 일어나지 않는 사람은 없다. 그렇다고 인생에서 일어나는 문제들이 나를 규정짓는 것 또한 아니다. 나 자신을 규정짓는 것은 내가 실행하기로 선택한 것에 의해 이뤄진다.

실행하는 것과 생각하는 것은 모두 중요하다. 하지만 그 방향성은 더욱 중요하다. 생각과 실행을 어떻게 나누느냐에 따라 돈을 끌어올 수 있다. 돈이 나에게 끌려오는 방향성에 맞춰 생각하고 실행해야 한다.

실행하기 앞서 우선 나의 목표를 점검해야 한다. 현재 나의 목표는 무엇인가? 목표가 없다면 목표부터 세워야 한다. 내가 원하는 목표를 이루기 위해 100 정도의 에너지가 필요하다면 생각하는 데에는 얼마의 에너지를 쓸 것인가? 이 두 가지의 분배를 잘 활용할 수 있다면 목표를 110퍼센트 달성할 수도 있다.

생각의 크기가 나의 결과를 만든다

••••

나는 생각의 스위치를 항상 켜두는 편이다. 방법은 간단하다. 머릿속에 항상 다음과 같은 질문을 갖고 있으면 된다.

"내가 지금보다 10배 성장하려면 나는 지금 무엇을 해야 하지?"

이것에 대한 답이 찾아질 때까지 질문을 내려놓지 않는다. 질문에 대한 답이 떠오르면 그것을 실행할 수 있게 단계별로 쪼갠다. 이때 내가 어느 단계에 있는지 파악해보아야 한다. 자신의 단계보다 2~3단계 앞선 목표를 이룰 실행방법들을 찾아내는 것이 유리하다. 보다 디테일하고 구체적인 실행방법들이 떠오를 때까지 모든 생각의 초점은 타인이 아닌 나 자신에게로 향해야 한다.

새로운 목표를 찾아내고 그에 맞는 실행전략을 짤 때는 새로운 장소로 가면 도움이 된다. 낯선 곳에 가면 기존의 생각 프레임이 깨지면서 그 덕분에 새로운 생각 세포들을 깨울 수 있다. 그러니 중요한 전략이나 새 목표를 새울 때는 익숙함을 버리고 새로운 곳으로 가보자.

생각의 크기가 나의 실행 능력을 결정한다. 생각의 범주는 무한하기 때문에 생각의 범위를 정하는 것은 나 자신이다. 평소 내 생각의 범주를 넓히기 위해 생각하는 연습을 지속해야 한다. 지속한다는 것은 그 자체로 힘이 된다. 내가 마주하는 현실은 항상 나 자신의 생각이 실현되는 형식으로 나타난다. 생각은 에너지고 파동이다. 결국 생각을 돈으로 바꾸는 기술은 얼마나 돈이 되는 생각을 많이 하느냐에 달렸다. 내 생각은 얼마의 돈을 끌어 모으고 있는가? 1억 원짜리 생각과 10조 원짜리 생각은 차원이 다르다.

돈이 붙는 사람의 품위

••••

행동은 내 생각이 밖으로 드러나게 표현되는 것이다. 그리고 내 행동에 따라 결과가 만들어진다. 돈을 끌어당기는 사람은 행동에도 주의를 기울인다. 엄밀히 말하면 행동에 품위를 입히는 것이다. 내가 좋아하는 긍정문 중 하나는 "나는 돈이 붙는 자석이다"라는 말이다. 돈이 붙는 사람은 어떤 품위를 만들까?

첫 번째는 자기 자신에 대한 무한 신뢰다. 자만이 아니라 진실한 믿음이다. 내가 원하는 곳을 향해 나아갈 수 있고, 무엇이든 될 수 있다는 무한 긍정을 내면에 충분히 뿌리내린 사람들이다. 이들에게는 특별한 아우라가 있다. 당당하고 권위 있고, 분별하는 능력이 있다. 나를 신뢰하고 사랑하는 사람은 헛된 곳에 에너지를 사용하지 않는다. 내게 주어진 환경을 더 소중하게 사용하기 위해 분별하고 스마트하게 행동한다.

두 번째는 자기 자신을 경영한다. 돈이 붙는 사람은 훈련의 필요성과 중요성을 간과하지 않는다. 필요한 기술이 있다면 훈련을 통해 배우고 익힌다. 심지어 자기 자신의 기분과 감정까지 훈련한다. 책임감 있게 자신의 맡은 일들을 충실히 마무리하는 법을 배운다. 주어진 환경을 탓하지 않고, 항상 한결같은 태도와 패턴으로 성과를 만들어간다. 이들에게 훈련은 꼭 필요한 인생 루틴이고, 현실감각을 유지해나가기 위해 필요한 기회다.

세 번째는 다양한 자아상을 만들어 간다. 돈이 붙는 사람들은 다재다능한 인재로 살아가는 것을 즐기는 사람들이다. 상황에 맞춰 나를 변화시킬 수 있다. 부를 일구는 데 있어 생각의 제약은 도움이 되지 않는다. 그러므로 열린 생각을 기반으로 다양한 자아상을 만들어가는 것이 중요하다. 일종의 페르소나(Persona)다. 기업도 일정한 주기 간격으로 변화하지 않으면 도태된다. 사람도 마찬가지다. 굳어진 상태로는 변화되는 세상에 발맞춰 부를 축적하기 힘들다. 인간이 유인원 중에서 이토록 오랫동안 지배자의 역할을 수행할 수 있었던 것은 세상의 변화에 맞춰 생존

해냈기 때문이다. 다양한 자아상은 돈이 붙는 사람들의 필수 역량이다.

하지 않는 습관과 하는 습관

••••

돈을 끌어당기기 위해서는 생각과 행동을 기반으로 자신만의 루틴을 만드는 것이 필요하다. 이 루틴이 습관이 되면 나에게 돈이 들어오게 되는 것이다. 인간은 두 가지 습관을 지닐 수 있는데, '하지 않는 습관'과 '하는 습관'이다. 나에게 돈이 달라붙으려면 무슨 습관을 익혀야 할까?

먼저 내 인생에 독이 되는 행동들을 하지 않는 습관으로 만들어야 한다. 하지 않는 습관은 어떻게 만들 수 있을까? 불편하게 만들어서 이룰 수 있다. 나에게 해가 되는 행동들을 하고 싶을 때마다 불편을 겪게 만들어야 한다. 예를 들어 밤늦게 간식이 먹고 싶다면 간식을 아파트 위층 계단 창고에 작게 쌓아두어라. 밖으로 나가 계단을 걸어가야 한다면 귀찮아서라도 밤에는 무언가 먹고 싶지 않을 것이다. 말이 너무 많아서 고민이라면 짧게 끊어 말하기를 연습하라. 나에게 말할 시간이 단 5초만 주어졌다고 생각하고 5초 내에 말할 핵심이 무엇인지 생각하는 연습을 하면 된다.

반면 내 인생에 득이 되는 행동들을 해야 하는 습관으로 만들려면 어떻게 하면 될까? 기본 습관에 살짝 곁들이기를 하면 된다. 독서 습관을 기르고 싶다면 내가 자주 가는 다섯 군데에 책을 비치해 두면 자극제가 될 수 있다. 건강보조제를 먹고 싶은데 습관이 안 되었다면 약을 소분하는 통에 요일별로 나눠서 정수기 옆에 두면 된다. 물 한 잔 마실 때마다 눈에 보여서 먹게 될 확률을 높이는 것이다.

이것을 마찰력 요법이라고 한다. 독이 되는 행동은 마찰력을 강화시켜 불편하게 만들고, 득이 되는 행동은 마찰력을 최대한 줄여서 자연스럽게 행동으로 유도될 수 있도록 만들어 두면 도움이 된다.

돈을 끌어당기는 것의 작은 차이는 결국 내 생각과 행동을 어떻게 관리하고 지배하느냐에 달렸다. 과거의 내 생각의 크기는 작은 풍선만한 생각에 불과했다. 6년 동안 생각하는 법을 훈련하고 배우면서 내 생각의 크기는 100배 정도 커진 것 같다. 내 생각이 커가는 만큼 실행도 함께 커가도록 그 틈을 메워가는 것이 돈을 끌어당기는 비법이다. 게임 속 캐릭터를 성장시켜 나가듯 현실 속 자아도 점점 키워가는 매력이 있다. 돈을 끌어당기기 위해 적극적으로 내 생각과 친구가 될 필요가 있다. 오늘도 생각의 파도 속에서 서핑을 즐겨보라.

주.인.공. 프로젝트

주연은 끝까지 생존한다

••••

아침마다 화장실 문을 닫고 외친다. "나는 나를 사랑한다"라고. 그것은 나라는 존재를 주어진 환경 때문에 미워하거나 탓하지 않기 위해 스스로에게 말로 약속하는 것이다. 이렇게라도 자신을 마음껏 사랑해주어야 자책감 따위로부터 면역을 길러낼 수 있다. 소중한 내 인생에 먼지 자국을 훌훌 털어낼 수 있다.

어떤 사람은 현실은 내 편이 아니라며 현실을 비난한다. 그러나 사실은 내가 현실을 내 편으로 만들지 못한 것이다. 인생이 굴러가는 바퀴라면 나는 열심히 페달을 밟아야 한다. 나는 페달 밟는 법을 몰랐기 때문에 제자리에 머물렀거나 페달을 거꾸로 돌리고 있었던 것이다.

영화 속에서 주인공은 끝까지 살아남는다. 그러나 조연은 중간에 사라진다. 주연이 되려면 조연이 갖추지 못한 것들을 갖고 있어야 한다. 항상 조연보다 주연이 좋은 것은 아니다. 하지만 주연은 메인이기 때문에 어떤 상황에서도 살아남는다. 주연과 조연의 차이는 마지막에 알 수 있는 것이다. 특히 주연과 조연의 차이가 아주 미세하다면 더욱 마지막 결말에 모든 힘이 실린다. 드라마든 영화든 조연이 감초는 되어줄지언정 명약이 될 순 없다. 우리 가슴을 설레게 만들고, 슬프게 만들고, 안타깝게 만드는 것은 주연의 역할이다. 나도 내 인생 드라마를 찍고 있다면 조연보다 주인공이 낫지 않을까?

선택의 자유를 누리는 인생의 주인공

••••

사람들은 누구나 행복한 인생을 꿈꾼다. 행복한 인생을 가는 가장 중요한 목표는 내 인생의 주인공으로 사는 법을 터득하는 것이다. 찰리 채플린, 오드리 햅번, 레오나르도 디카프리오, 톰 크루즈는 모두의 가슴 속에 여전히 남아 있는 주연들이다. 우리도 내 인생의 이러한 주인공이 되어야 한다. 평생 조연으로 살다 잊히는 것이 아닌 파란만장한 삶으로 많은 사람들의 가슴 속에 오래도록 살아 숨 쉬고 있는 주인공말이다.

인간은 선택의 자유가 주어졌을 때 행복을 느낀다. 그리고 선택적 자유가 먼저 보장되어야만 위기가 와도 계속해서 나아갈 수 있다. 선택의 자유를 누리기 위해서는 내 인생을 주인공으로 사는 법을 알아야 한다. 주인공처럼 살아간다는 것은 더 많은 자유를 위해 더 많은 책임을 지겠다는 말이다. 책임이 많아지면 자연스럽게 보상도 커진다. 그래서 주연이 가장 높은 개런티를 받는 것이다.

선택적 자유를 위해 필요한 세 가지가 있다. 이 세 가지가 행복한 주인공이 되는 기본 요소다. 바로 '주문', '인싸(인사이더)', '공헌'이다. 나는 그 세 가지의 앞 글자를 따서 '주.인.공. 프로젝트'라 부른다.

나를 지지하는 '주문'을 외쳐라

••••

주인공으로 살아가려면 먼저 주인의식을 갖는 것이 가장 중요하다. 인생을 주인으로 살아가는 것에 대해서는 아무런 기준이 없다. 수치화도 할 수 없다. 객관적 지표도 없다. 그래서 의도적으로 만들어내야 한다.

내 인생의 주인이 되었는지 어떻게 알 수 있을까? 바로 주문을 외우는 것이다. 우리는 만화 속 주인공이 아니다. 현실판 주인공이다. 현실에서는 어떤 주문을 외쳐야 할까? 철저히 현실에 존재하는 나를 지지하고 격려하는 주문을 외치는 것이다. 이 주문의 갈림길은 그것을 얼마나 믿느냐, 믿지 않느냐에 있다.

주문은 우리에게 두 가지를 말해준다. 첫째, 나 스스로를 어떻게 바라보고 있는지, 둘째, 나 자신의 존재를 꾸준히 업데이트하면서 성장시켜 나가고 있는지를 알려준다. 주문이란 터무니없거나 허황된 이야기가 아니다. 보다 단호하고 명확하게 나 자신의 신념을 바꾸는 것이다. 인생 주인공이 되기 위해서는 자신의 내면에 민감하게 반응해야 한다. 이제부터 주인공이 되고 싶다면 집안 곳곳에 주문이 붙어 있어야 한다. 어떤 주문이 붙어 있어야 할까? 나는 이런 주문을 주로 붙여놓고 읽는다.

- 나는 나를 사랑한다.
- 나는 날마다 모든 면에서 점점 더 좋아지고 있다.
- 오늘도 나에게 엄청난 행운이 찾아올 것이다.
- 나는 운이 좋다.
- 내 통장은 마르지 않는 샘물이다.

당신이 자주 바라보는 곳에는 어떤 주문을 붙여 놓고 싶은가?

실력을 갖춘 '인싸'가 되라

••••

두 번째 프로젝트는 '인싸'가 되는 것이다. 인싸는 누구에게나 매력적이고 사랑받는 존재를 뜻한다. 이들은 어떤 매력 때문에 인싸가 되는 것일까? 여러 가지 이유가 있겠지만 단순한 분위기 메이커 역할만 하는 인싸는 진정한 인싸가 아니다. 진짜 인싸는 속까지 알찬 실력을 갖춘 사람이다. 사람들이 나라는 존재에 대해 궁금해하고 알고 싶게 만들어서 수많은 질문 세례를 받을 수 있을 만큼 실력을 매력으로 갖춘 사람이 되면 진정한 인싸가 되는 것이다.

인싸는 여기저기 가볍게 돌아다니며 자신을 과시하는 사람과는 다른 존재다. 묵직하고, 닮고 싶고, 언행과 처세에서 진실함이 묻어나는 사람이다. 즉 신뢰가 충분히 쌓인 사람만이 인싸가 될 준비를 마친 것이다. 신뢰는 단박에 얻는 것이 아니다. 꾸준히 누적되고 쌓여서 만들어진다. 인싸는 마음이 무겁고 깊은 사람이다. 마음이 무겁고 깊은 것을 한 단어로 '내공'이라고 한다. 당신의 내공점수는 몇 점인가?

문제를 해결해주는 '공헌'을 세워라

••••

세 번째 프로젝트는 공헌이다. 공헌은 나이가 많은 사람들이 한 곳에 오랫동안 꾸준히 기여했을 때 듣는 단어로 많이 쓰인다. 내가 말하는 공헌은 그보다 가볍다. 공헌은 다른 사람들의 공백을 채워주는 것이다. 꼭 필요하지만 잘하지 못해 채울 수 없는 부분들을 조금씩 매워주는 것이다.

나는 인생에서 생긴 문제들을 해결하고 싶어 찾아오시는 분들께 양서를 추천해드려서 그들의 시간과 노력을 매워준다. 또한 성공하는 삶을 살고 싶은 분들을 위해 책을 써서 나의 성공방법을 공유하며 공헌하고 있다. 이런 작은 행동이 누군가에게는 세렌디피티가 될 수 있다. 마법의 나비효과다.

공헌이라는 개념이 아직 어렵다면 '1日1善'은 어떤가? 엘리베이터에서 마주하는 이웃에게 미소로 인사하는 것, 공헌이다. 산책 갈 때 집게와 쓰레기봉투를 갖고 나가서 바닥에 떨어진 쓰레기를 몇 개 주워 담고 오는 것, 공헌이다. 슬픈 일을 겪은 누군가의 이야기를 충분히 들어주는 것, 이 또한 공헌이다. 시선을 나에서 남에게 옮겨보자. 모든 것이 공헌할 수 있는 요소다. 거대한 지구를 구성하고 있는 것은 우리들의 소소한 이야기들이다. 소소함 속에 충분히 공헌거리들이 넘치고 있다. 그 공백을 아름답게 채워나가 보자. 당신은 어떤 공헌을 실천할 수 있을까?

돈의 주인이라면 갖춰야 할 인식

돈에 울고 웃는 인생

••••

사람들은 돈에 반응한다. 특히 남이 나보다 더 많은 돈을 가질 기회를 얻거나 돈이 많다는 사실을 알면 민감하게 반응한다. 그래서 돈에 관련된 일은 주변에 알리지 않는 것이 현명한 것이다.

당신은 돈이라는 글자에 어떻게 반응하는가? 돈은 우리를 웃게 만들기도 하고, 울게 만들기도 한다. 돈 때문에 자주 울 일이 생기는 사람들은 돈과 삶에 대한 인식이 왜곡되어 있다. 사업을 시작하기 전에는 나도 그랬다. 정확히는 돈을 공부하기 전까지라고 하는 게 맞겠다. 돈 때문에 웃을 일보다 억울한 일이 더 많았다. 돈을 모르면 돈과 끊임없이 애끓는 밀당을 해야 한다. 조금만 잡아당기려 하면 손가락 틈 사이로 허무하게 빠져나간다.

돈에 대해 알면 적어도 돈의 패배자는 되지 않을 수 있다. 돈에 대한 삐뚤어진 집착이 돈으로부터 멀어지게 만드는 것이다. 돈에 대한 나의 인식이 어떻게 형성되느냐에 따라 돈의 노예로 살지, 돈의 주인으로 살지 결정하게 된다.

그렇다면 돈의 노예와 돈의 주인은 어떻게 구분할 수 있을까? 사회가 주는 선의와 의도를 명확히 구분할 줄 아는가로 나뉜다.

노예와 주인의 차이

••••

돈의 노예로 사는 길은 편안하다. 자극적이고 화려하며 즉흥적이다. '열심히 일하라'라는 단어보다 '지금을 즐기라'는 말이 진리인 세상이다. 현금보다 카드를 좋아하고 내 삶을 온전히 충동에 맡기면 된다. 화려한 세상에는 모든 것이 준비되어 있다. 당신의 마음을 얻기 위한 명품 시리즈, 즉시 쇼핑 버튼을 클릭할 수밖에 없는 즉석 할인 쿠폰, 충동적 결정을 서두르게 만드는 온갖 종류의 미사여구들, 유행 정보만큼은 신속하게 알려주는 각종 미디어 매체들, 이 모든 것에 시키는 대로 반응하며 살면 된다.

돈의 노예로 사는 길은 사회가 만들어 놓은 선의에 빠르게 반응하는 것이다. 영국의 오래된 속담은 이런 선의에 대해 따끔한 일침을 남겼다. "지옥으로 가는 길은 선의로 포장되어 있다."

돈의 주인으로 사는 사람은 삶의 의미에 대해 온전히 집중하고 몰두하며 산다. 평온한 듯 보이나 깊은 내면에 치열함이 숨어 있다. 사회가 시키는 대로 사는 삶이 아니라 내가 살고 싶은 세상을 어떻게 하면 구현해낼 수 있는지 계속 생각하고 고민한다. 그 안에는 자신만의 소신이 담겨 있고, 내가 이루고 싶은 삶을 위해 목표지향적인 하루하루를 만들어가는 의지와 확신이 있다. 돈의 주인으로 사는 사람들은 과거와 현재에 쌓인 시간들이 나의 미래에 멋진 보답으로 다가올 것이라는 결과를 믿는 사람들이다.

돈의 주인으로 살아가는 법

••••

돈의 주인이 사랑하는 단어는 '자유'다. 여기서 중요한 것은 방임과 자유를 구분 짓는 것이다. 방임은 자신은 물론 그 어떤 것도 책임지지 않는 것이고, 자유는 자신의 모든 말과 행동에 책임을 지는 것이다. 돈의 주인으로 사는 사람들은 청개구리 삶을 산다. 사회가 시키는 대로 살지 않는다. 남의 말도 잘 듣지 않는다. 대신 자신이 정한 삶의 루틴을 만들어 확고한 가치관이 흔들리지 않게 꽉 붙잡고 산다. 내 인생의 해답은 내가 만들어가는 사람들이다.

책임지지 않는 자유는 가짜 자유다. 돈의 주인이 더 많은 돈을 갖게 되는 이유는 책임을 다한 자에게만 완벽한 보상이 뒤따르기 때문이다. 책임지는 것은 곧 희생이라고 포장하는 사회의 통념을 거부하는 것, 창조적 자립심을 빼앗는 복지의 실체를 다르게 보는 것, 사회가 던지는 익숙한 시스템 안에서 걷기를 거부하는 것, 이런 청개구리 생각을 할 때 돈의 주인으로 살아가는 진짜 안목이 키워진다.

그들이 좋아하는 또 하나의 단어는 '창조'다. 하나의 사건이나 사회적 통념을 거부하고, 자신만의 세상을 창조한다. 돈의 주인으로 사는 사람들의 사고방식은 나에게도 남에게도 이익이 되는 삶을 추구할 수 있는 생각법이다. 사회가 주는 복지에 일희일비하지 않고 생산자로 살 수 있음에 스스로 감탄한다. 돈의 주인이 늘어날수록 사회는 더 부유하게 되고, 나라는 더욱 부강한 국가가 된다.

돈의 노예에서 돈의 주인으로 삶의 방향을 바꾸는 방법은 사회에 선동당하지 않는 것이다. 스스로 이슈에 빠져드는 것, 욜로족, 꼰대, 워라밸 등 사회에서 만들어진 개념을 우상화하는 것이 바로 선동당한 것이다. 이것이 진리인 양 살아가다 보면 여전히 노예의 모습으로 살고 있는 자신을 발견하게 될 것이다.

더 이상 찌질하게 남이 가진 돈을 보며 울거나 웃지 말자. 더 이상 금수저, 흙수저 따위로 우리 인생을 허무하게 만들지 말자. 타인이 아닌 내 안에 돈이 있다는 명확한 정의를 하나 더 늘리

자. 주변에 신경 쓰지 않고, 오직 나의 목표를 위해 매 순간 묵묵히 걸어 나가는 사람이 이긴다. 꾸준한 책임감을 지닌 사람에게 돈의 주인이라는 특권도 주어지는 법이다.

'4초'를 점검하라

감각적인 인생의 최후

••••

누군가 나에게 부탁이 아닌 지시를 내리면 나는 아무것도 하기 싫어진다. 나는 지시를 받으며 내 생각을 제한시키는 상황을 만들고 싶지 않다. 지난 10년간 그런 상황 속에서 많이 방황하고 흔들렸기에 다시 돌아간다고 생각만 해도 오금이 저린다.

과거의 삶으로 다시 되돌아가지 않으려면 지금 내 삶이 내가 생각하는 대로 흘러가고 있는지, 생각 당하고 있는지 자주 의식해야 한다. 생각하는 대로 살지 않으면 사는 대로 생각하게 된다. 생각하는 것 자체가 매우 힘든 노동이므로 의식해서 생각하지 않으면 생각하는 것과 멀어진 하루를 살게 된다. 생각이라는 의식의 침전물이 가라앉기 전에 자꾸 휘저어주어야 한다.

어떤 사람들은 인생을 감각적으로 살라고 한다. “인생 뭐 있어? 흘러 가는대로 사는 거지!” 정말 그럴까? 파도는 잔잔히 흐르다가 갑자기 급변한다. 너울성 파도는 잔잔했던 바다를 단번에 뒤흔든다. 해일은 어떤가? 해변가 주변까지 덮쳐서 주변 터전을 모두 앗아간다. 흘러가는 대로 살다가 너울성 파도에 휩쓸려가는 것은 일순간이다. 인생에도 언제, 어디서 나타날지 모르는 너울성 파도가 존재한다. 모르긴 해도 한 사람의 인생에 서너 번은 불어 닥칠 것이다. 건강이라는 이름으로, 관계라는 이름으로, 진로라는 이름으로, 재정이라는 이름으로 나의 인생에 적신호를 켜고 급격하게 흔들고는 사라질 것이다.

인생은 감각으로 사는 것이 아니다. 시각, 청각, 후각, 미각, 촉각의 오감은 삶을 연명하고 느끼게 하는 데 중요한 요소지만 잘살게 하는 요소로서의 의미를 채우지는 못한다. 화려하지 않아도 지금보다 더 나은 삶, 10배 더 잘사는 삶을 꿈꾸기 위해서는 감각보다 한 차원 높은 것이 필요하다.

파도 같은 인생에서 살아남는 스킬, ‘4초’

••••

내 인생에서 급격히 나타나는 너울성 파도에 재빠르게 대처하기 위해서는 ‘4초’가 필요하다. 4초란 바로 ‘초사야’, ‘초십중’, ‘초스피드’, ‘초연결’이다. 이 네 가지는 인생에 들이닥치는 위기를 관리하는 스킬이자 뿌리다. 잘 다듬고 꾸준히 가꾸어주면 내 인생을 10배 성장시키는 것쯤은 문제없다. 4초가 어떻게 우리 삶에 어떻게 쓰이는지 알아보자.

자신을 마음껏 사랑하는 '초자아'

누구나 자아가 존재한다. 자의식이 강한 사람은 인생의 CEO다. 내 인생을 누구에게 맡기지 않고 스스로 만들어간다. 누군가 관여하거나 간섭하는 것도 좋아하지 않는다. 초자아를 가진 사람은 나 자신을 사랑하는 것과 남을 사랑하는 것이 동의어라는 사실을 안다. 그래서 먼저 자신을 마음껏 사랑해준다. 자기 자신을 마음껏 사랑할 줄 아는 사람은 인생을 홍청망청 소비하는 사람이 아니다. 어떤 상황에서도 끊임없이 성장하는 경험을 제공하고 자신이 성장했음을 마음껏 기뻐하는 사람이다.

나에게 맞는 길을 찾는 '초집중'

집중하는 힘은 훈련이 필요하다. 어떤 것을 포기하고, 구분해내고, 선택하는 것이 집중의 힘이다. 노력만 한다고 해서 집중이 잘되는 것이 아니다. 포기할 줄 아는 지혜도 함께 가져야 한다. 이때 중요한 것은 우리가 한 번에 선택할 수 있는 길은 한 개가 아니라는 사실이다. 집중은 한 길을 선택하는 것이 아닌 나에게 맞는 길만을 선별할 줄 아는 능력을 키우는 것이어야만 한다. 이것이 제대로 된 초집중이다.

시간의 저항을 이겨내는 '초스피드'

우리 모두는 시간과의 싸움을 해야 한다. 1등하기 위해서 시간과 싸우는 것이 아니다. 내 인생의 특이점을 넘기 위해서다. 시간은 우리를 미래로 이끈다. '초스피드'를 갖는다는 것은 쉬고 싶고, 안주하고 싶고, 머물고 싶은 우리의 마음에서부터 오는 시간적 저항을 줄여간다는 뜻이다. 우리가 시간을 멈추게 하기나 역행시킬 수는 없지만, 시간의 저항으로부터 이겨내면 적어도 남보다 덜 후회할 수 있다. 초스피드를 갖추기 위해 우리는 생각하면서 행동하고, 행동하면서 생각해야만 한다.

경계를 허무는 '초연결'

2021년 현재 코로나19로 인해 온라인이 발달하면서 물리적 거리가 무의미해졌다. 세계는 점점 더 경계가 허물어지고 있다. 단면적인 삶에서 입체적인 삶으로 바뀌고 있다. 그에 발맞춰 우리도 변해야 한다. 연결하는 방식을 배우고, 연결점을 찾아 두 점 사이를 이어야 한다. 나 스스로 무언가에 경계를 치고 있지는 않은가? 내 생각의 경계, 행동의 경계, 모든 경계를 조금씩 허물어나가자. 생텍쥐페리의《어린 왕자》는 1943년에 나온 고전이지만 80년이 지나도 시간의 경계를 허물고 여전히 우리 마음속에 살아남아 동심의 마음을 흔든다. 성인이 되어도 동심의 마음을 연결시켜 주는 어린 왕자 덕분에 우리 인생은 여전히 맑고 찬란하게 빛난다. 내 인생은 어떤 것들을 연결하고 있는가?

위기를 대처하기 위해 4초를 점검하자

····

4초는 표류하는 인생만 즐기던 사람이 도전하게 하고, 생각과 행동을 바꾸고, 삶의 패턴을 바꾸어내기 위해 존재한다. 4초를 바꾸고 실행한다는 것은 인생을 바라보는 렌즈를 갈아 끼우는 것이고, 인생 굴곡의 시간마다 뿌옇게 흐려진 렌즈를 선명하게 닦아내어 더 잘 걸어갈 수 있게 돕는 것이다.

그러나 알고 있다는 것으로 만족하고 끝나면 아무런 의미가 없다. 아는 것을 넘어 실행해야 하는 목적과 목표가 분명해야 행동으로 옮길 수 있고, 삶도 바꾸어 낼 수 있다.

4초는 평소에 쌓아두어야 한다. 그래야 인생에서 위기가 닥쳤을 때 미리 생각하고 관리해 둔 익숙한 스킬을 실제로 활용할 수 있다. 머리로만 알고 있지 말고, 직접 몸으로 익혀야 한다. 위기가 올 것을 미리 알고 위기를 대처할 능력을 만들어낼 때 활용해야 한다.

미국 9.11 테러 사건이 있던 날, 평소 위기관리 능력을 가꾸어 둔 한 남성은 무사히 생존할 수 있었다. 그 사람은 어떻게 무사히 탈출했을까? 세계무역센터에서 근무하고 있던 남성은 평소 운동을 어떻게 할지 고민했었고 이를 해결하기 위해 엘리베이터 대신 세계무역센터 계단을 자주 이용해서 걸어 다녔다. 꾸준한 계단 운동으로 계단의 위치와 모형을 인식하고 있었던 남성은 테러가 일어난 날 엘리베이터가 아닌 계단을 통해 내려와

극적으로 생존할 수 있었다. 이처럼 평소 어떻게 생각하고 어떻게 행동하느냐가 위기 때 어떤 결과를 만들어내는지의 차이를 만든다.

누군가의 지시를 받는 삶을 살고 싶지 않다면, 생각의 침전물이 가라앉아 녹슬 때까지 아무 일도 하지 않을 계획이 아니라면 나의 4초를 점검해보자.

행동력으로 찾은 자신감

저는 유아교육을 전공하고 유치원 1급 정교사, 원감, 원장 자격까지 총 20년의 유치원 경력을 쌓으며 커리어를 만들어나갔습니다. 그러나 지금은 프랜차이즈 브랜딩 본부 이사직을 맡고 있습니다.

좋은 유치원에서 열심히 근무하며 지내는 중에 갑자기 어깨 통증이 찾아와, 16년 동안 다니던 직장을 그만두게 되었습니다. 그런데 남편이 운영하고 있는 사업체가 여러 일로 인해 힘들어지면서 남편이 같이 도와서 일을 했으면 좋겠다는 말에 경험해본 적이 없는 마케팅 분야에서 일하기 시작했습니다.

마케팅은 하나도 모르는데 직급을 달고 있으니 자존감은 바닥으로 떨어지게 됐습니다. 그래서 찾은 돌파구가 바로 제 삶의 행동력을 키우는 것이었습니다. 100일 동안 도전할 키워드를 설정해 33권의 책을 읽고 매주 성과를 발표하고 피드백을 받기로 결심했습니다.

저는 마케팅을 키워드로 잡고 일주일에 마케팅 관련 책을 3~4권씩 읽으며 매주 성과를 발표했습니다. 밤잠 못하고 고민하며 연구했던 100일로 인해 조금씩 마케팅의 이론과 실제에 대해 알아가는 계기가 되었습니다.

이렇게 마케터와 직장에서의 적응하는 단계였다면, 이제는 블로그나 인스타그램을 직접적으로 경험하며 1일 1포스팅 30일 글쓰기도 도전해보고, SNS와 친해지게 되면서 브랜딩 본부를 이끌어가는 장이 되었습니다. 이제는 가맹점주들에게 데이터를 분석해 지역점포 마케팅으로 본사 마케팅 교육까지 진행하고 있으며 회사 브랜딩을 위해 노력하고 있습니다.

행동력이 키워지자 삶의 모습도 많이 달라지기 시작했습니다. 건강하게 몸과 정신을 관리하게 된 것입니다. 이런 저의 생활을 보고 주변에서 많이 놀라며 궁금해 하더라고요. 그래서 유치원 원장 동기들 앞에서 이런 다양한 주제를 가지고 첫 강의를 시작하게 되었고, 이어 프랜차이즈창업 관련 전자책도 출간하게 됐습니다.

20년의 업이 바뀌었지만, 그때보다 더 프로페셔널해진 모습 덕분에 많은 분들이 관심을 가져주시니 감사한 마음입니다. 행동력을 키우면서 알게 된 지식과 지혜들이 큰 도움이 되었습니다. 아직도 배워야 할 것들과 내 안에 작은 습관들을 꾸준히 이루기 위해 새로운 것에 계속해서 도전하는 중입니다. 어떻게 인생을 헤쳐나가야 할지 고민이라면 고민 대신 행동력을 키우는 것을 추천합니다. 고민도 해결되고, 인생의 방향성도 잘 잡을 수 있게 됩니다.

– 백장미

3

Think

정말 남다른 생각을 하고 있는가

●

사람과 사람 사이에는 아주 작은 차이가 존재한다.
그러나 이 작은 차이가 엄청난 격차를 만들어낸다.
여기서 작은 차이는 마음가짐이 '적극적인가, 소극적인가'이고
엄청난 격차는 '성공하느냐, 실패하느냐'이다.

– 나폴레온 힐

불운을 몰고 다니는 사람들의 세 가지 특징

인생 암흑기에 깨닫게 된 생각들

••••

인생의 암흑기를 지날 때 내가 하는 선택들은 공통점이 있었다. 성공하고 싶은 마음과 달리 내 선택은 항상 마음과 다른 방향을 향했다. 마치 이유도 없이 반대하는 청개구리처럼.

아무리 좋은 선택이었다고, 최선을 다했다고 스스로를 위로해도 결과는 엉망이었다. 시간이 지나 내가 나아갈 방향에 대해 깊이 고민하는 법을 알게 되고, 나아가고자 선택한 방향과 삶이 일치되기 시작하면서 예전의 내 삶을 반추해보았다. 무언가에 쫓겨 다급하게 뛰어가는 어린아이처럼 내 모습은 갈피를 잃은 모습이었다. 한참을 되돌아본 후 다급함 속에 숨겨진 세 가지 공통점을 발견했다. 그리고 나의 예전 모습과 같은 삶을 살아가는 사람들은 좋지 않은 결과를 맞이하는 불운을 몰고 다닌다는 결론에 도달했다. 그 세 가지는 바로 자기 비하, 문제 회피, 부정 편향이었다.

스스로 깎아내리는 자기 비하

....

나의 과거는 자기 비하의 연속이었다. 나를 사랑하는 것이 성공의 시작이라는 것을 알지 못했고, 스스로를 깎아 내릴수록 겸손하다는 착각 때문에 남 탓도 할 수 없었다. 무언가 시도해서 잘못된 결과가 나오면 '내가 하는 게 다 그렇지 뭘'이란 말로 자아를 실컷 학대했다. 지나친 겸손은 거만이고 독이라는 사실을 몰랐다.

나를 사랑하는 사람은 세상이 나를 중심으로 돌아가는 세계관을 가진다. 반면 자기 비하를 하는 사람은 나를 세상에 끼워 맞춘다. 조금만 어긋나도 세상의 무게를 혼자 다 짊어지려 한다.

모든 사람은 실수를 한다. 처음 부모가 된 사람도, 첫 직장에 들어간 사람도, 처음 운전을 배우는 사람도, 누구나 과정을 통해 나만의 패턴을 배우고 익히며 성장한다. 그럴 때 필요한 것은 자기 비하가 아니라 자신을 충분히 격려하고 사랑하는 마음이다.

사랑하는 마음으로 평생을 살아도 모자란 시간에 굳이 자신을 헐뜯어야 할 이유가 있을까? 한 번만 더 내면의 소리에 집중해보라. 진정 내 마음속에서 듣고 싶은 말은 아마도 용기를 불어넣어주는 말, 스스로를 응원하는 애정의 소리일 것이다. 그리고 우리 모두는 그럴 자격이 있다. 예전부터 지금까지 우리는 치열한 인생을 살고 있는 중이니까. 내 삶에 독사과를 끌어들여 자신의 내면을 죽이는 오류를 통해 인생 끝자락에 후회가 밀려오지 않도록 최신을 다해 나 자신을 사랑해주자.

실패를 불러오는 문제 회피

••••

인생은 직선이 아니다. 굴곡의 연속이다. 내 삶에 따스한 햇살이 비추는가 싶더니 이내 매서운 회오리가 들이닥친다. 뚜벅뚜벅 잘 걸어가고 있던 나는 회오리에 휩쓸려 진흙탕에 빠진다. 내가 빠진 곳이 단순한 진흙탕인 줄 알았는데 알고 보니 허우적거릴수록 더 깊이 빠져드는 늪이다.

지금의 나라면 어떻게든 늪을 빠져나올 방법을 궁리할 것이다. 그 늪이 깊든 깊지 않든 그것은 나에게 중요사항이 아니다. 그보다 어떤 방법이 가장 효율적으로 빠져나갈 방법인지가 더 중요하다. 그렇게 떠올린 아이디어를 시도해보다가 주변을 둘러보니 나무 기둥에 묶여 있던 밧줄 하나가 눈에 들어왔다. 그 밧

줄을 잡기 위해 안간힘을 다해 발버둥 친다. 다행히 그 줄은 기회라는 이름을 가진 줄이었다.

줄을 잡고 늪을 빠져나오니, 또다시 눈앞에 펼쳐진 길은 험난한 자갈밭이다. 험난한 자갈밭을 지나기 위해 아이디어를 떠올려본다. 주변에 있던 죽은 나무들의 나뭇잎들을 엮어 신발을 만들었다. 두툼하게 엮은 나뭇잎 신을 신고 걸어가니 발이 편안하다.

예전의 나라면 이렇게 했을 것이다. 내가 빠진 곳이 늪이라는 것을 알고서는 소리친다. "사람 살려! 내가 지금 늪에 빠졌어요! 도와주세요!" 빠져나갈 방법이 도무지 떠오르지 않는다. 그저 지나가는 누군가가 내가 소리치는 모습에 반응하길 간절히 바랄 뿐이다.

다행히 지나가던 행인이 소리를 듣고 커다란 나뭇가지를 늪에 던져 가지를 붙잡고 빠져 나올 수 있었다. 겨우 늪을 빠져나오니 또다시 자갈밭 풍경이 보인다. 너무 피로한 나머지 평탄한 길을 찾아 이리저리 돌아간다. 한참을 돌아오니 마주한 곳은 처음 마주했던 자갈밭 초입이다. 너무 돌아와 힘은 힘대로 빠지고, 밤이 깊어간다. 어찌할 줄 몰라 그 자리에서 두 발만 동동 구르고 있다.

우리가 인생의 굴곡을 지나는 두 가지 모습이다. 내 과거는 회피의 연속이었다. 회피를 통해 내린 결정들은 대부분 실패로 이어졌다. 감정까지 우울함으로 가득 찼다. 내게 주어진 무기가 많은데도 나는 사용해야 할 이유도, 사용할 방법도 몰랐다. 문제가 생기면 내 문제가 아니라 남의 문제처럼 대했다. 시간이 흐르면 누군가 해결해 줄 것이라 믿었다. 그렇게 내 운전대를 쥐어보지도 않고, 문제가 해결되지 않으면 떼를 썼다. 문제가 해결되지 않는 것은 당연한 것인데 말이다.

'회피'와 '해피'는 인생에서 일어나는 문제들을 어떻게 마주할 것인가로 결정된다. 당신은 직면한 문제를 정면 돌파할 것인가? 끝까지 회피하고 있을 것인가?

어디서든 불평하는 부정 편향

••••

인간은 누구나 감정의 지배를 받는다. 똑같은 상황이 주어지더라도 그것을 받아들이는 감정은 모두 다르다. 모든 감정은 필요한 것이다. 좋다, 나쁘다로 평가할 수 없으며 우리가 살아가는데 중요한 요소일 뿐이다.

그 대신에 나는 감정에 온도가 있다고 생각한다. 차가운 온도를 가진 감정과 따뜻한 온도를 가진 감정이 있는 것이다. 그리고 이 온도에 따라 우리가 행운을 맘껏 누리거나 혹은 불운을 몰고 다니게 된다.

어떤 상황을 받아들일 때 따뜻한 온도의 감정으로 바라보는 사람은 자신을 아낌없이 칭찬한다. 잘못된 선택이 있어도 기꺼이 수긍하고 빠르게 감정을 이완한다. 따뜻한 온도의 감정이 지배적인 사람은 회복 탄력성이 빠르다. 후회가 아니라 배울 점을 바라본다. 남을 바라볼 때도 작은 일에 내 일처럼 기뻐해준다. 이런 사람들은 평소에 긍정과 감사가 몸에 배어 있다.

반면 차가운 온도의 감정으로 상황을 받아들이는 사람은 자기 자신을 칭찬하는 데 엄격하다. 냉철하다고 표현할 수 있지만 자신의 기준이 너무 높아 만족하지 못하고 자신의 노력을 부정한다. 장점보다는 단점을 먼저 찾고 장점을 강화하기보다 단점을 차단하기 위해 노력한다. 조금만 단점과 실수가 삐져나와도 자신에게 혹독한 주의를 준다. 이런 사람들은 남을 바라보는 기준도 높아 차가운 감정을 통해 자신만의 잣대로 남을 평가해버린다.

차가운 온도의 감정에 지배되는 사람은 언제, 어디서든 불평과 문제점 지적에 능하다. 부정적 감정에 더 예민하게 반응한다. 이와 같은 성향을 부정 편향이라고 한다. 혹시 당신의 감정 온도는 현재 몇 도인가? 만약 차가운 온도여서 삶 속에 부정 편향이 나타나고 있다면, 감정 온도를 1도 올리기 위해 관점을 바꿔보는 것은 어떨까?

현재 나는 불운 대신 행운을 몰고 다닌다. 나 스스로 불운을 몰고 다니는 세 가지를 극복했기 때문이다. 자기 비하 대신 나 자신을 1순위로 열렬히 사랑한다. 문제 회피 대신 문제 해결 방법을 떠올린다. 부정 편향 대신 감정의 온도를 끓는점에 맞추려고 노력한다. 이처럼 우리의 이름 석 자 뒤에 붙은 꼬리표에 따라다니는 것이 불운이 아닌 행운이었으면 좋겠다.

96퍼센트는 없고 4퍼센트는 있는 '이것'

세상에는 '이것'의 비밀을 모르는 96퍼센트의 사람들과 '이것'의 비밀을 아는 4퍼센트의 사람들이 있다. 이 두 부류의 차이는 부자로 갈 수 있느냐, 현실에 매몰되느냐의 차이다. 4퍼센트의 사람들은 도대체 어떤 비밀을 알고 있는 것일까?

허름한 빌라에서 생긴 꿈

····

이것의 비밀을 밝히기 전에 먼저 내 이야기를 조금 나눠보려고 한다. 우리 가족은 7식구다. 부모님, 미혼인 남동생, 남편, 아들, 딸 3대가 함께 산다. 6년 전까지만 해도 우리 가족은 3천만 원짜리 허름한 빌라에서 전세로 살았다. 빌라의 연식은 30년이 넘었고, 한국인보다 외국인 노동자 이웃이 더 많았다. 툭 하면 밤마다 싸우는 소리가 들려왔다. 우리 집은 4층이었는데 엘리베이터도 없어서 맘먹고 장이라도 봐오는 날이면 4층 계단을 몇 번씩 땀 흘리며 오르내리며 짐을 날라야 했다.

네 명의 또래 대학 동기들 중 내가 가장 먼저 결혼을 했다. 어느 날 나머지 친구들이 하나둘 결혼을 하면서 각자 신혼집에 초대해주었다. 최신식 아파트에 신혼집을 꾸린 친구 집에 갔는데 베란다 너머로 보이는 뷰가 환상적이었다. 우리 집 베란다 밖으로는 허름한 빌라 주차장만 보였는데 친구네 집은 180도 다른 모습이었다. 친구들이 차례로 집들이 초대를 하고 난 후 다음번엔 우리 집에 오고 싶다고 했지만 나는 그럴 수 없었다. 초라하기 그지없는 우리 집에 초대할 수 없어서 바쁘다는 핑계만 댔다. 비교하지 않으려 했는데 친구들의 집이 너무 좋아보여서 자연스럽게 우리 집이 비교되었다. 없던 자존감마저 바닥에서 뒹굴고 있었다.

그곳에 살 때 매일매일 탈출하고 싶었다. 어떻게 해서든 주거 공간을 바꾸는 것이 나에겐 가장 중요한 일이었다. 가까스로 치열한 5년을 보낸 덕분에 마침내 그곳을 빠져나와 꿈꾸던 대형 평수의 아파트로 이사할 수 있었다. 아파트로 이사하기까지 나는 단 한순간도 좋은 집으로 이사하는 꿈을 내 가슴에서 내려놓은 적이 없다. 내가 치열하게 하루하루를 버텨내고 힘들어 쓰러질 것 같은 순간에도 주거 이전의 꿈만은 두 손에 꽉 움켜쥐고 절대 놓치지 않았다.

현실과 이상의 상관관계

••••

꿈꾸던 아파트로 이사하고 난 후 넓은 아파트에 마음껏 친구들도 초대했고, 장을 보고 짐을 나르느라 땀을 뻘뻘 흘리는 수고를 할 필요도 없다. 아이들과 꿈꾸던 집에서 거실 테이블에 앉아 여유롭게 독서를 즐긴다.

어느 날 동생과 오랜만에 식사 자리를 가졌다. 기분 좋게 식사하던 중 동생이 말했다. "누나, 누나는 큰 집에 사는 게 왜 좋아? 현실을 봐야지, 집만 큰 집에 산다고 행복한 것도 아닌데 굳이 큰 집에 살 이유가 있을까? 누나의 욕심 때문에 다른 가족들이 피해볼 수도 있어."

급작스레 너무 큰 집으로 이사 오느라 많은 대출로 무리수를 갖고 이사 온 누나를 곁에서 바라보는 동생의 진심어린 걱정이자 불편한 한마디였다. 현실이 어떻든 너무 극단적으로 미래만 바라보며 달리고 있는 누나의 삶을 걱정하는 것은 당연했다.

동생과 나는 서로 바라보는 관점이 달랐다. 동생은 현실이 중요했고, 나는 미래가 중요했다. 동생은 지금 당장이 중요하고, 나는 이상이 중요했다. 인생 필수재 주거 공간 하나만을 두고도 동생과 나 사이에 시야의 차이가 존재한다는 사실을 발견했다.

96퍼센트의 생각을 하는 대부분의 사람들

••••

나는 가족과 함께 집에서 지내는 것을 좋아한다. 내게 행복을 가장 크게 체감하게 하는 것은 집이다. 내가 원하는 라이프스타일을 풍족하게 채워주는 것의 99퍼센트는 집이다. 현재의 집에서 살아가고 있다는 것이 나에게는 매일 기적 같다. 앞으로 더 좋은 집에서 살아보고 싶은 꿈도 갖고 있다.

그러나 동생은 넓고 좋은 집에 사는 것이 사치라고 생각한다. 지극히 현실주의자다. 지금 가진 것에 맞춰 더 낡고 오래된 집으로 이사하는 것이 정답이라고 여긴다. 자신을 현실에 맞추는 것이다. 나는 이것이 96퍼센트로 가는 지름길이라고 생각한다.

96퍼센트의 사람들은 소극적 인생을 산다. 인생이 어려워지면 어려워진 대로 현실에 짜 맞춘다. 사실 추락하고 있는 것인데 현실에 맞춘다고 말한다. 우리는 모두 에스컬레이터에 서 있는 것과 같다. 가만히 있으면 점점 아래로 내려가거나 퇴보한다. 현실에 안주하고 있는 것이라고 하지만 심각한 착각이다. 이상을 향해 걷거나 뛰지 않으면 우리는 매 순간 자연스런 퇴보를 하게 되어 있다. 이것을 '레드 퀸 효과'라 한다.

성공의 비밀을 아는 4퍼센트의 사람들

....

성공하는 4퍼센트의 사람들은 지나칠 정도로 이상에 집착한다. 지금 현실이 아닌 내가 가고자 하는 길, 내가 얻고자 하는 것에 시선을 높인다. 나를 현실에 맞추는 것이 아니라 현실이 나를 따라오게 만드는 비결은 이상을 갖는 것이다. 이상이 높은 사람들은 시간이 얼마나 걸리든, 몇 번의 실패를 겪든 포기하지 않는다. 이상이 현실이 될 때까지 집념을 끝까지 물고 늘어진다. 4퍼센트의 사람들은 이러한 이상과 뚜렷한 비전이 내 미래를 바꾸어 낸다는 사실을 알고 있는 사람들이다.

나는 좋은 사람들을 만나 연애하고 싶다는 사람을 만나면 '연애 상대의 구체적 특징을 기록하고 그것을 매일 보고 읽으면 그런 사람을 찾게 된다'고 말한다. 또 일터를 바꾸고 싶다고 말하는 사람을 만나면 '가고 싶은 일터를 정하고 그곳에 들어가기 위해 어떻게 해야 하는지 지속해서 고민하고 실행하라'고 이야기한다.

현실은 꿈꾸는 대로 바뀐다

....

누군가가 원대한 꿈을 이야기하면 96퍼센트의 사람들은 이렇게 말할 것이다.

"그런 건 현실에서 이루어지기 어려운 일이야."

그러나 4퍼센트의 사람들은 이렇게 꿈꿀 것이다.

“내가 아니면 누가 그런 행운을 차지하겠어? 그 기회는 반드시 나에게 올 거야.”

현실은 어디에 있을까? 우리의 현실은 각자의 머릿속에 있다. 같은 공간, 같은 시간을 보내더라도 내가 바라보는 대로 현실이 만들어진다. 아무리 좋은 현실을 살아도 내가 불만이 있으면 불만스럽게 보이는 것이다. 그렇다면 이상은 어디에 있을까? 이상은 가슴 속에 있다. 그래서 이상을 이루어나가는 것은 이성적으로 계산할 수 없는 것이다.

심장이 머리가 아닌 가슴에서 뛰고 있는 이유는 머리로 수치화하지 말고, 심장이 뛰듯 비전과 이상향을 향해 끊임없이 뛰어가라는 뜻이다. 머리는 이상향으로 가기 위한 좋은 전략을 짜는 곳일 뿐이다. 그렇기에 현실은 이상향으로 가기 위해 충분히 바꿀 수 있는 것이다. 나는 기회가 오는 것을 믿는다. 4퍼센트의 안목을 믿는다. 내가 그 이상을 이뤄낸 사람이기 때문이다.

출발이 다름을 탓하지 말고 보폭을 넓혀라

인생은 결코 공평하지 않다

····

"모든 삶은 똑같이 인정받아야 한다."

"인생에서 손해보는 사람이 없어야 한다."

"모든 사람의 인생은 평등하다."

사회가 불공평하게 흘러가고 있다며, 평등을 외치는 사람들에게서 자주 듣는 말이다. 이런 말을 하는 사람들은 세상을 이중 잣대로 나눈다. 금수저와 흙수저, 성공할 운명을 갖고 태어난 자, 성공과는 거리가 먼 인생으로 태어난 자로 선을 긋는다. 하지만 나는 생각이 조금 다르다. 우리의 출발선은 모두 다르다. 오히려 출발선이 달라서 공평한 것이다. 만약 모든 사람이 같은 출발선상에 놓여 같은 길을 걷고 같은 인생을 살아야 한다면 그것이 더 불행하지 않을까?

우리는 조립식 공장 회전판 위에 놓인 로봇이 아니다. 같은 생각을 하고, 같은 것을 먹고, 같은 인생을 살 필요가 전혀 없다. 그런데 왜 굳이 나와 남을 비교하며 자신을 불평등한 존재로 전락시켜버릴까? 나보다 남이 가진 것 많게 태어난 것이 불만인가? 그렇다면 그 생각 때문에 나는 세상에서 가장 불행한 인생을 살게 될 것이다. 평생 그 사람보다 못난 2순위로 살아갈 수밖에 없으니까.

"인생이란 결코 공평하지 않다. 이 사실에 익숙해져라."

빌게이츠가 한 말이다. 우리 인생은 한 가지 정답으로 풀 수 없는 문제들이 훨씬 많다. 그래서 다양한 사람들의 실력과 개성이 필요하다. 서로의 강점으로 돕는 것이 필요하다. 나와 같은 외모에 나와 같은 생각, 나와 같은 실력을 가진 사람만 이 세상에 존재한다면 인생을 사는 재미가 있을까? 만약 그렇다면 누가 나만의 유일한 실력과 재능을 알아주겠는가. 인생에는 정답이 없기 때문에 많은 사람들이 함께 살아갈 수 있는 것이고, 한 번의 기회가 아닌 많은 시도의 기회와 선택사항들이 존재하는 것이다.

출발선이 다르고 각자 자신이 원하는 것을 향해 달려가는 모습이 다르기 때문에 나만의 해답을 찾아내기 위해 많은 시도와 선택을 할 수 있는 특권이 주어진다. 또 내가 찾은 해답이 누군가에게도 해답이 되리라는 법도 없다. 이제 쿨하게 내가 선 곳을 인정하고, 남과 다르게 해낼 수 있는 것에 시선을 바꿔보면 어떨까?

추월차선으로 시야를 바꾸어가는 방법

••••

불평과 불만이 생기는 원인은 무엇일까? 지금 가고 있는 곳에 시선이 맞춰져 있기 때문이다. 나는 걷고 있는데 남은 뛰는 것처럼 보인다. 나는 내 앞에 박힌 돌을 빼느라 바쁜데 다른 사람은 날개를 달고 날아가고 있다. 불합리해 보이지만 다른 사람이 날개를 달고 날 수 있었던 것은 부의 추월차선을 타는 법을 배우고 익히고 실행했기 때문이다.

우리도 부의 추월차선으로 옮겨갈 수 있다. 그것은 순전히 자신의 몫이고 스스로의 선택에 달렸다. 추월차선으로 가고 있다고 해서 문제가 생기지 않는 것은 아니다. 문제는 언제, 어디서나 존재한다. 그러니 빠르게 긍정마인드를 선택하고, 내가 보는 시선을 바꿔야 한다. 내가 가고 있는 곳이 아닌 내가 가고 싶은 곳을 향해 시선을 돌려보라. 무엇이 보이는가? 그곳으로 가기 위해 나는 어떻게 해야 하는가?

누구나 출발은 다르지만 보폭은 넓힐 수 있다. 지금부터는 가고 싶은 곳을 찾는 법, 보폭을 넓히는 법을 배워야 한다. 그것이

부의 추월차선으로 시야를 바꾸는 방법이다.

인생을 바꾸는 의도적 차단

••••

내가 책을 쓸 수 있는 시간은 아무도 깨지 않은 새벽 시간 혹은 아무에게도 방해받지 않는 시간에만 가능하다. 특히 새벽 시간에 깨어 불빛 하나에만 의지해 모든 감각을 책을 쓰는 것에 집중하다 보면 평소에 듣지 못하던 소리가 들린다. 냉장고 속에 모터가 돌아가는 작은 소리, 화장실 환풍기 소리, 책 쓰기에 도움을 받기 위해 펼쳐진 책의 종이가 움직이는 미세한 소리까지 들린다. 온 몸의 세포가 깨어난다. 모든 것이 고요해질 때 비로소 놓치고 있었던 것들이 보이기 시작하는 것이다.

우리 인생도 내가 가고 있는 길이 아닌 가고 싶은 길을 가기 위해서는 먼저 온전히 자극 없는 시간이 주어져야 한다. 평소 우리 주위를 산만하게 만드는 기계 소리, 영상 소리, 감정소모를 일으키는 자극적인 만남 등으로부터 의도적 차단이 되어야 한다. 이것은 보다 본질로 가기 위해 비본질적인 것들과 잠시 헤어지는 선택이다.

왜 이렇게 의도적 차단을 해야 할까? 자극은 우리가 가고 싶어 하는 창조적 상상력을 발휘할 시간들을 빼앗는다. 또 미래의 흐름을 읽어내려면 미세한 변화들을 감지해야 하는데 평소에 자극에 노출되면 미세한 움직임을 느낄 겨를이 없다. 무엇보다 신중한 결정을 내리기 위해서다. 내가 가고 싶은 길을 고민한다는 것은 나 스스로 그려보고 판단해보고 확신을 갖기 위한 시간을 갖는다는 말이다. 그렇게 하기 위해서는 많은 생각이 필요하고, 온전히 감각적 세포를 깨울 수 있는 환경이 만들어져야 한다.

실행은 과감하게 하되, 생각은 신중해야 한다. 의도적 차단 시간은 나에게 충분히 생각할 시간을 주기 위한 선택이다. 이 시간에 고민하고 생각한 결정이 우리 인생에 많은 결과를 바꿔놓을 수도 있다. 보다 나은 미래를 위해 이런 시간을 자주 가질 필요가 있다. 아침부터 저녁까지 온통 자극이 가득한 환경에서 살고 있다면 계속해서 내가 가야만 하는 길로 끌려다닐 수밖에 없다. 내 안의 목소리가 온전하게 들릴 때까지 자극을 최소화해야 한다.

경제적 자유, 시간적 자유를 얻고 싶다면 생각의 자유를 허락하는 시간을 충분히 만들어라. 우리 인생이 선택의 합으로 이루어져 있다는 사실을 안다면 나의 판단을 결코 가볍게 여겨서는 안 된다. 우리는 주변에서 잘못된 선택으로 인해 결과가 한참 잘못되는 경우를 종종 본다. 자극 없는 시간에 나 자신의 생각에 충분히 몰두해보자.

충분히 생각하고 결정한 뒤에는 보폭을 결정하라. 지금 멈춰야 하는지, 걸어야 하는지, 뛰어야 하는지 역시 내 선택에 달렸다. 대신 불평과 불만은 멈추어야 한다. 불평, 불만은 모든 신호를 꺼뜨리는 최고의 연소제다. 심지어 달라지는 것도 없다. 더 최악으로 가는 길을 거둘 뿐. 진정한 추월차선으로 달리는 방법은 출발이 다름을 인정하고 내 보폭을 넓히는 것뿐이다. 자, 이제 시속 몇 킬로미터로 달려볼 것인가?

'돈 잃는 인생'과 '돈 읽는 인생'의 차이

돈을 바라보는 두 가지 관점

····

돈이란 자본주의 세상을 살아가는 필수재다. 인생의 진짜 필수재는 의식주가 아니라 도전할 기회를 만들고, 꿈을 이루어 삶을 변화시키는 '돈'인 것이다. 이 필수재를 바라보는 방향성과 안목을 키우는 것은 중요하다. 그런데 어떤 사람은 갖고 있던 돈마저 허공으로 날리는 반면, 어떤 사람은 기회와 돈 두 마리 토끼를 붙잡는다. 무슨 차이일까?

어떤 사람은 기회가 왔을 때 반드시 그 기회를 붙잡는다. 기회를 붙잡을 수 있다는 건 운과 실력을 갖추었다는 뜻이다. 이런 사람이 바로 '돈 읽는 인생'을 살 수 있다. 돈 읽는 인생에는 운과 실력이 있다. 기회가 주는 틈새를 비집고 들어가 손을 뻗친다.

마치 고기떼가 몰려올 곳을 미리 알고 그물을 던져놓는 어부처럼 돈이 향하는 길목에서 두 손을 뻗고 기다리고 있다. 물고기는 떼로 몰려다니는 특성이 있다. 돈도 마찬가지다. 돈이 흐르는 방향으로 몰려다닌다. 결국 돈이 흐르는 방향을 먼저 읽어내는 사람이 승자다.

반면 '돈 잃는 인생'은 어떤가? 하루 매출 28조 원의 신화를 만들어 낸 사업가 마윈이 말했다. 세상에서 가장 같이 일하기 힘든 사람들이 가난한 사람들이라고 말이다. 그들은 자유를 주면 함정이라고 말한다. 작은 비즈니스를 이야기하면 돈을 별로 못 번다고 이야기한다. 큰 비즈니스를 이야기하면 돈이 없다고 한다. 새로운 것을 시도하자고 하면 경험이 없다고 말한다. 완벽하게 돈 잃는 인생이다.

돈 잃는 사람들은 자신의 의견보다 경험도 없는 주위 사람들의 사적인 의견을 더 중시한다. 생각은 많은데 실행은 그 생각의 발끝도 못 미친다. 기회가 올 것이라는 것은 알지만 붙잡을 생각은 못한다. 기다리다가 기회와 세월이 모두 지나간다. 기회를 놓치면 누군가 자신의 기회를 빼앗아갔다고 말한다. 세월이 지나 과거에 자신에게 주어진 것이 좋은 기회였다는 사실을 깨달으면 후회만 한다. 그때부터 과거에 매여 미래에 주어질 기회를 또 놓친다.

이 모든 것은 안전제일주의에서 시작된다. 돈 잃는 인생을 사는 사람들은 바로 앞에 조금만 움푹 파여 있는 웅덩이가 생겨도 절대 밟지 않는다. '저 웅덩이의 깊이가 얼마나 깊을지 아무도 몰라. 들어갔다가 빠지면 절대 헤어나오지 못 할 거야!' 하지만 그곳엔 수많은 금은보화가 숨어 있다. 두려움에 떨고 있는 사이 누군가 웅덩이를 파낼 아이디어로 삽을 가져오고, 그 삽으로 웅덩이를 파내 금은보화를 챙겨간다. 눈앞에서 그 장면을 지켜본 돈 잃는 자는 또다시 밤잠을 못 이룬다. 기회를 놓친 안타까움 때문에.

돈 읽는 인생으로 바꾸는 비결

••••

그렇다면 어떻게 해야 돈 잃는 인생에서 벗어나 돈 읽는 인생을 살아갈 수 있을까? 먼저는 돈 읽는 자가 되기 위해서는 운과 기회를 잡아야 한다. 인생이 비즈니스라고 한다면 내 인생 성과를 만들 성공적인 전략을 구사해야 한다.

운과 기회는 누구나 할 수 있지만 아무나 할 수 없는 일을 할 때 찾아온다. 1퍼센트의 확률만 존재하더라도 그 1퍼센트의 기회를 잡을 방법을 찾고, 승자가 될 때까지 꾸준히 시도할 때 발견할 수 있다. 사실 돈 잃는 인생과 돈 읽는 인생은 한 끗 차이다. 그러나 이 일을 얼마나 많이, 오랫동안 하느냐를 통해 이 한 끗이 점점 크게 벌어지게 된다.

운과 기회를 붙잡으려면 먼저 내 심장이 뛰는 속도 이상으로 실행할 수 있는 능력과 운이 내게 있다고 믿어야 한다. 인간에겐 누구나 초자연적인 힘이 있다. 말로 설명할 수 없는 그런 능력 말이다. 그렇지 않다면 자신의 모든 것을 헌신하며 자녀를 키워 낸 부모들, 위급한 상황에서 목숨을 담보로 사람들을 구조해 낸 의인들의 이야기는 신화 속에만 존재해야 한다. 당신은 자신을 어떤 사람으로 믿고 있는가? 혹시 보이지 않는 선을 그어 나란 존재를 어떤 틀에 가두고 있진 않은가? 나는 그 틀을 한계라 부른다. 한계에서 벗어나길 바란다.

그다음은 진실한 사람이 되는 것이다. 무엇에 진실해야 하는가? 내 마음이 하는 말에 진실해야 한다. 진실하다는 것은 책임을 다한다는 말이다. 내 인생을 남의 기준에 맞추는 순간 나는 하찮은 존재가 된다. 사람의 시선은 기본적으로 나보다 잘난 사람과 비교하게 되어 있다. 다른 사람의 인생을 보지 말고, 내 안에서 나오는 말에 집중하다 보면 나도 꽤 괜찮은 사람이 될 수 있다. 아직 모르겠다면 지금 5분 동안 나의 장점 50가지 써 보기를 시도해도 좋다. 내가 이 세상의 70억분의 1의 존재라는 것을 알면 그 어떤 것도 내 우위에 둘 수 없다.

내 안을 바라보면 욕구가 보인다. 내가 어떤 삶을 살고 싶은지, 내가 어떤 사람이 되고 싶은지, 그 욕구가 하는 말에 항상 귀를 기울여야 한다. 그 안에 내 인생 해답이 숨어 있다. 그 욕구를 따라갈 때 내 인생을 책임질 용기가 생기고, 희망이 보이기 시작한다. 어떤 사람은 그 욕구를 따라간 덕분에 인생이 즐겁다고 말하고, 욕구를 무시하고 남에게 인생을 맡긴 사람은 불행하다고 말한다.

마지막은 지금 주어진 것들을 활용하는 능력을 갖추는 것이다. 내게 없는 것을 얻고자 애쓰기 보다는 있는 것을 활용하는 것이 더 쉽다. 대부분의 사람들이 현재 자기에게 없는 것에 초점을 맞춘다. 남의 떡이 커 보이는 것이다. 사실 그렇게 되는 이유는 내게 주어진 무기를 아직 발견하지 못해서다. 자신의 무기가 무엇인지 아는 사람은 그것을 최고 성능으로 키워낸다. 그 무기의 이름은 '강점'이다. 나에겐 '친절', '심사숙고', '미래지향'이라는 무기가 있다. 친절이란 무기로 내게 오는 많은 인연들과 오래도록 지속할 수 있었고, 미래지향이라는 무기를 통해 미래로 나아가는 방향에 대해 끊임없이 생각하고 그 길을 선택할 수 있었다.

정말 다행인 것은 무기가 없는 사람은 없다는 것이다. 당신은 지금 몇 개의 무기를 쥐고 있는가? 아무것도 없다고 걱정하지 마라. 최소 다섯 개의 무기가 당신 안에 숨어 있으니 분명 찾을 수 있을 것이다.

자유를 원한다면 비즈니스 능력을 키워라

직장인에서 사업가로 삶을 바꾼다는 것

••••

사업을 시작하고 난 후 한동안 내가 이 사업을 계속 지속할 수 있을까에 대한 고민을 할 때가 많았다. 누구보다 사업에 자신 있다고 스스로 사업가 체질에 재능까지 겸비했다고 자부하며 시작했던 것이 후회로 다가왔다. 사업 시작 후 매일 다이어리 날짜에 동그라미를 그려나갔다. 과연 몇 개까지 채워지다 또다시 원점이 될까 스스로 의심 반, 두려움 반 섞인 공포심에 짓눌려 있었던 것 같다. 연구소를 차리고 시간이 흐를 때마다 초조함은 날마다 더해갔다. 숨 한 번 돌리면 찾아오는 매달 말일은 고통의 날이었다. 월세를 내야하고, 밀린 관리비 청구서가 날아올 때면 숨이 턱턱 막혀갔다. 문의를 해 오는 고객도 없고 커다란 연구소 안에 가만히 앉아 있으니 실패에 대한 의구심이 감정을 날카롭게 만들었다. 막상 사업 체질이라고 큰소리치며 차렸으니 누구에게 불만도 말할 수 없었다. 사업하면 직장인일 때 꿈도 꾸지 못했던 시간적 자유와 경제적 자유를 얻는 것인 줄 알고 도전했는데 그야말로 정글이 따로 없었다.

직장에 다닐 때는 일정하게 주어지는 방학과 주말 휴가가 있었다. 가끔 토요일 출근할 때는 황금 같은 주말 하루를 반납하고 출근하는 것이 불만이었다. 사업을 시작하고 나서 그 휴식들이 얼마나 귀중한 것인지 깨달았다. 사업 초기에는 주말이 없었다. 휴가도 없었다. 잠잘 때도 사업 운영에서 생긴 고민들을 떠안은 채 잠이 들어야 했다. 해결될 때까지 마음을 놓을 수가 없었다. 세금문제, 고객 불만족, 연속으로 돌아오는 관리비와 사업운영비의 압박, 새로이 변화구를 주어야 하는 사업운영능력, 마케팅 문제, 고객응대 서비스, 경영문제, 자기계발, 매출 유지, 모든 것이 풀어내야 할 숙제들이다. 누구에게 찬찬히 도움 청할 만한 시간도 지인도 없다. 스스로 해결해 내야만 한다.

게다가 사업은 하나의 문제를 해결하면 더 큰 문제에 봉착한다. 쉴 틈도 없이 계속해서 문제를 해결해야만 한다. 휴일도 없이 사업을 운영하다 보면 어느새 한 해가 흐른다. 어설프게나마 내년 계획이라도 세워야 현상 유지를 할 수 있다. 고객은 끊임없이 새로운 경험을 요구하고, 고객 만족을 위해 현 사업을 어떻게 변화시킬 것인지 지속적으로 연구 개발해야 한다. 사업가는 무한한 갈망을 시도하는 사람이어야 한다. 사업가에게 가장 최악의 단어는 만족이다. 사업가는 절대 만족이란 단어를 가져서는 안 된다. 그 순간 사업의 끝이 낭떠러지로 향하는 것은 시간문제다.

변화는 사업의 특권이다. 직장에서는 변화가 더디고 기회가 한정되어 있다. 변화하고 싶어도 나의 직급과 고정적으로 주어진 일들로 인해 변화 자체가 어렵게 된다. 그러나 사업은 다르다. 변화하지 않으면 끝이다. 변화는 필연이고 그 변화가 고객에게 취향 저격되면 마침내 홈런 한 방을 날린 것이다.

사업가의 목표는 최대한 많은 사람들에게 가장 이로운 가치를 최대한 많이 전달하는 것이다. 그 목표를 이루려면 먼저 사람들의 욕구와 필요를 가장 먼저 생각하고 찾아내야 한다. 내가 사업 초기에 날짜마다 동그라미를 그리며 두 발만 동동 구르고 있을 수밖에 없었던 이유는 내가 생각한대로 다 이루어질 것이라는 심각한 착각 덕분이었다. 나는 비즈니스의 정확한 개념을 몰랐다. 비즈니스는 내가 하고 싶은 대로 사는 것이 아니다. 사람들이 원하는 물리적, 환경적 욕구를 채우고 그것에 가치를 심어 가치비용과 교환하는 것이다.

사업가 마인드로 사고하라

••••

사업가 마인드를 처음부터 다시 세팅하기로 했다. 그동안 사업장만 차리면 모든 것을 이룰 수 있다는 착각과 허세는 땅에 묻어버리고 새로운 비즈니스 인생을 시작하기로 한 순간, 모든 것이 다르게 보이기 시작했다. 무엇보다 누구도 내 사업을 책임져주지 않는다는 사실을 받아들이기로 했다. 나는 사업을 시작했지만 책임지지 않으려 했던 것이다. 이제는 뒤로 숨을 방법이 더 이상 없다는 것을 깨닫고 나서 사업의 정의를 다시 내려야만 했다. 나는 차근차근 다르게 실행해나갔다.

직장인의 목표는 상사로부터 주어진다. 회사로부터 명령을 받는다. 반면 사업가는 스스로 목표를 찾아내야 한다. 사업의 목표는 항상 움직인다. 그래서 목표가 도달되려 할 때쯤 도달할 수 없을 것 같은 곳으로 다시 목표를 옮겨두어야 한다. 사업가에게 목표는 생존과 직결된다. 목표 없이 사업을 운영한다는 것은 소꿉놀이를 한다는 것과 같은 말이다. 사업은 철저히 현실임을 인식한다면 제대로 된 목표에 의해 움직이는 사실을 알아야 한다.

목표가 세워지면 사업을 더 효율적으로 운영할 방법들을 찾아야 한다. 직장인일 때는 책임져야 할 일보다 책임지지 않아도 될 일이 더 많다. 사업가는 100퍼센트 내 책임이다. 그러므로 항상 효과성과 효율성을 따져보며 영리한 전략가가 되어야 한다. 고객에게 더 효과적인 방법으로 만족을 줄 수 있는 방법, 더 좋은 서비스를 경험하게 할 수 있는 방법들을 계속 모색해야 한다. 사업가에게 사업에 관한 모든 것은 무한한 가능성이다. 그런 자세가 사업의 발전을 이끌어내는 훌륭한 원동력이 된다.

사업가로 살아가는 것은 출생의 비밀이나 누군가로부터 온 행운에만 의지해서 생기는 기회가 아니다. 오히려 지속적 변화를 향한 자신만의 비전, 과정의 헌신, 끊임없는 자기계발, 꾸준한 시도와 노력, 성실한 가치 등이 더 큰 영향을 준다. 자신의 마음속에 숨겨진 변화를 향한 갈망과 스스로 그 갈망을 찾아내 걸어가겠다고 다짐하는 사람에게 주어진 특권이다.

사업가로 살아간다는 것은 전적으로 나의 선택이고 나의 책임이다. 책임을 다 하고 난 후에는 보상이 주어진다. '자유'라는 인간이 누릴 수 있는 가장 큰 보상이 생긴다. 자유는 누구나 누릴 수 있는 것이 아니다. 선택하고 책임지는 삶을 살아낸 사람에게만 주어진 보상이다.

나의 운명이 자유를 원하고 있다고 말한다면 비즈니스 능력을 갖춰야 한다. 사업가의 길을 걷고자 하는 사람들에게 자신이 성장하는 것 외에는 특별한 대안이 없다. 사업을 키워가면서 가꾸고 변화시켜 나가는 과정이 쉽지 않고 고통스러울 수 있지만 그 고통을 감내하면 돌아오는 축복이 그 고통을 이겨낸 절대값보다 더 크므로 물러설 이유가 없다.

앞으로 일자리가 빠르게 사라질 것이라고 한다. 우리에게 주어진 대안은 무엇일까? 변화는 기회를 동반한다. 변화 속에 숨은 기회를 잡는 사람은 아마도 오래도록 꿈에 그리던 경제적 자유와 시간적 자유를 얻으려 나만의 사업을 가꿔가는 사람들이 될 것이다.

암울했던 사업 초기 어리석은 마음가짐을 버리고, 어느 새 6년차 사업가가 되었다. 이제는 세상의 변화에 두려워하기보다 새로운 가능성을 찾아다니는 즐거움이 더 크다. 다음 홈런은 어디서 터질까? 지금 이 시간, 가장 궁금해지는 질문이다.

직장을 그만두고 싶다면 알아야 할 것들

••••

직장의 안정감과 직위를 내려놓고 독립하게 된 순간부터 꿈으로 가는 외줄타기가 시작된다. 직장의 울타리를 벗어나 처음 맞은 세상은 정글 그 이상이다. 나는 발버둥을 치고 있는데 앞으로 전혀 나아가지 못하는 느낌이다. 나는 익사 직전인데 아무도 내가 익사하는지 관심이 없다.

너무 지치고 힘들어서 잠시 가만히 있으면 엄청난 썰물에 의해 급속도로 떠내려간다. 가만히 있을 때도 발버둥을 쳐야 한다. 결국 내 몸과 정신이 정글을 헤쳐나갈 만큼 단단해진 뒤에야 정글 같은 현실에서 밀려오는 쓰나미도 멈춘다. 그때 나의 구명조끼가 되는 것이 적게라도 모아 놓은 운전자본이다. 다른 사람들은 이 자본은 종잣돈이라고 부른다.

퇴사하고 사업을 준비할 마음이 있다면 구명조끼는 입고 나와야 한다. 나는 경제관념도 0이었고, 사회에 나가면 더 호의적인 세상이 기다리고 있을 거라는 착각 때문에 구명조끼를 입을 생각도 못한 채 독립해야 했다. 운전자본 없이 거친 세상에 덤비기라도 하는 날에 내 마음에 쓰라린 흉터가 남는 것은 시간문제다. 정말 운이 좋게도 내가 정글을 헤쳐나올 수 있었던 것은 멘토의 한 마디 덕분이었다.

정글에서 지쳐 쓰러져 다 포기하고 싶을 때 남편과 함께 멘토를 찾아갔다. 이 길이 아닌가 싶어 다시 진지하게 물었다.

"제가 다시 직장으로 돌아가야 할까요?"

그때 멘토는 우리 부부의 두 손을 꼭 잡고 이렇게 말해주었다.

"조금만 더 버텨! Dip이야."

여기서 Dip이란 아무리 노력해도 성과가 나지 않을 것 같은 깊이 팬 구덩이다. 그 한마디에 그동안 잘 버텨낸 자신이 대견하기도 하고 한편으로는 서럽기도 했다. 약해지기 싫어서 참았던 눈물이 뚝뚝 떨어졌다. 그 눈물이 떨어진 자리가 우리 부부의 가장 큰 Dip이었다. 이후의 과정을 충실히 견뎌내 성공 곡선을 탈 수 있었다. 비전과 가치가 있는 일에는 한동안 구덩이는 있게 마련이다. 이 구간을 이겨내면 성공 곡선을 걷게 될 것이다.

창업 전문가가 된 남편은 지금도 아무 준비 없이 퇴사를 고려하거나 사업을 준비 중인 분들을 만나면 조급함을 버리라고 한다. 조급함으로 인한 선택은 최악의 조건들과 마주할 수밖에 없는 상황을 만든다.

더 나은 선택은 여유에서 나온다. 여유가 없으면 감정이 우리 자신을 지배하게 되고, 결국 감정적으로 선택한 것에는 후회가 따르기 마련이다. 우리 부부처럼 남편은 퇴사를 하고, 아들이 자가면역질환으로 목숨이 위험할 정도의 큰 위기를 한꺼번에 맞은 것이 아니라면 조금 더 여유가 생길 때까지 현재 상황들을 다듬어 나가야 한다.

목표를 이룰 때까지 도와주는 노트 작성법

중독의 삶에서 벗어나기로 마음먹다

····

30여 년을 매일 소용돌이 같은 문제더미 속에서만 살았다. 그런데 6년의 시간 동안 인생이 급변하기 시작했다. 그 사이에 어떤 것이 작용했기에 새로운 인생을 살게 됐을까?

가장 큰 변화는 나를 속이는 기분을 만드는 행동들로부터 멀어진 것이다. 30년 동안 나는 오늘 당장 기분 좋아질 수 있는 행동만 했다. 갑작스런 친구들의 연락에 망설임 없이 바로 달려 나갔다. 몸이 힘들거나 마음이 힘들면 침대와 한 몸이 되었다. 몸에 건강한 음식을 먹는 것보다 내가 먹고 싶은 음식만 골라먹었다. 나에게 주어진 시간이 무한대라고 착각하면서 회사에서 지내는 시간 외에는 오로지 내가 하고 싶은 대로 살았다. 돈이 조금이라도 생기면 영화를 보거나 옷을 사며 단기간이라도 부자가 된 척 무한 소비를 했다.

과거를 추적해보니 스스로 행복한 인생이라고 말하며 구렁텅이로 내 몰고 있는 삶을 살아왔던 것이다. 더 이상 멈추지 않으면 평생을 거짓 환상에 속으며 가난을 대물림한 채 인생을 끝냈을지도 모를 일이다.

나는 거짓 환상과 잠깐의 만족을 느끼려고 해로운 행동들만 하는 중독의 삶을 벗어나기로 했다. 나를 속이는 기분을 주는 모든 행동들을 하나하나 점검했다. 인생에 해로운 행동들을 멈추기 위해 내 무의식에 말을 걸기 시작했다. 무의식에 말을 거는 방법은 새로운 목표를 넣어주는 것이다. 과거의 삶에는 뚜렷한 목표가 없었다. 목표대신 즉흥적인 삶이 내 인생을 지배하고 있었다. 그런데 무의식에 새로운 목표를 넣어주자 사흘도 안 되어 심한 거부반응이 나타났다. 아직 성숙하지 못한 무의식에 너무 커다란 목표를 세운 것이다. 목표에 맞는 행동들을 어떻게 이뤄가야 할지 몰랐다.

스마트한 부자들의 필수품

••••

목표를 실현시킬 수 있는 방법을 찾기 위해 무작정 공부하기 시작했다. 자수성가한 부자들의 삶을 책으로 읽고, 정리하면서 지금 내가 할 수 있는 실천사항들을 적용해보기로 했다.

스마트한 부자들은 항상 목표를 갖고 다닌다. 목표를 갖고 다닌다는 것의 의미는 적게는 24시간, 많게는 5년, 10년 그 목표가 이뤄질 때까지 한시도 목표에서 떨어지는 법이 없는 삶을 사는 것이다. 또한 그들은 목표에서 결코 눈을 떼지 않는다. 어떻게 해서든 목표를 이룰 수 있는 방법만을 떠올리며 그 목표를 이루기 전 불안감이 엄습할 때마다 자신만의 방법으로 목표에서 불안을 분리시켜 버린다.

나에게 현재 가장 큰 목표는 7,777억의 순자산을 갖는 것이 가장 큰 목표이다. 그런데 목표가 있는 것만으로는 목표가 허황된 꿈이 될 수 있다. 목표를 현실로 만들려면 지나치다고 할 정도로 강력한 행동력과 추진력, 그 목표를 이룰 수 있는 데드라인이 함께 해야 한다.

부자들은 그 목표를 향해 내가 지금 할 수 있는 일들을 찾는 데 선수들이다. 부자들이 알고 있는 목표를 이루는 가장 빠른 지름길은 매일 쌓아올리는 과정을 최선을 다해 만들어내는 것이다. 스마트한 부자일수록 하루의 가장 많은 시간을 목표를 이루는 데 집중한다. 목표에 집중하지 않으면 새로운 일, 급한 일들에 나의 하루가 표류하게 된다. 목표를 이루는 길은 전투의 과정과 같다. 꽃길이 아니다. 많은 에너지를 쏟아부어야 하고, 생각과 행동을 온전히 목표에 맞춰야만 한다.

스마트한 부자가 되는 필수품은 목표를 이룰 능력을 갖주는 것이다. 현재 우리의 삶은 목표를 이루지 못하도록 방해하는 알고리즘에 지배되고 있다. 유튜브만 들어가도 나에게 흥미를 주는 다양한 알고리즘 추천 영상이 나를 반긴다. 내 인생 목표를 이루어 줄 알고리즘을 잠시라도 놓친다면 남이 만들어놓은 알고리즘 무한 굴레에 빠져버린다.

나는 영원한 패자로 살고 싶지 않다. 그렇게 때문에 나만의 목표를 실행할 알고리즘 체계가 필요했다. 내 마음은 너무 연약하고 쉽게 흔들려서 조금만 강력한 유혹이 다가와도 쉽게 흔들린다. 그래서 스스로를 가둘 수 있는 강력한 목표 실행 시스템이 필요했다. 흔들림 없는 인생을 위해 목표에서 눈을 떼지 않는 방법을 찾아야 한다. 주어진 대로 사는 삶이 아니라 목표를 이루는 모습을 증명해 내는 삶을 사는 것이 훨씬 더 중요하기 때문이다.

'어떻게 목표를 내 안에 가두고 실행까지 연결할 수 있을까?' 고민하기 시작했다. 먼저 독서를 통해 답을 찾아보기로 했다. 약 100권의 책을 읽으며 목표를 단순히 목표에서 끝내지 않고 실천까지 할 수 있는 방법을 찾았다. 그리고 그 책들의 저자가 알려주는 방법들을 통합해보니 목표가 이루어지는 놀라운 경험을 할 수 있었다.

Wish 노트를 만들고 실행하다

····

내가 매일같이 쓰는 노트가 있다. 바로 'Wish 노트'다. Wish 노트는 《보도 섀퍼의 돈》, 《3개의 소원 100일의 기적》, 《더 해빙 The Having》을 보면서 받은 인사이트와 책 속에 나온 솔루션들을 내 스타일에 맞게 '소원', '영향력', '성공', '해빙'이라는 네 가지 키워드로 정리한 것이다.

부자들에게 목표를 이루는 과정은 상식이고 당연한 일이다. 성취하기 위해 당연히 목표가 존재해야 하고, 당연히 행동력이 있어야 하는 것이다. 목표가 없는 삶에서 남는 것은 환상을 바라는 헛된 희망뿐이다. 명확한 결과를 바란다면 그에 맞는 명확한 목표와 과정이 존재해야 한다. Wish 노트는 그 과정을 유지시켜주는 윤활유 역할을 해주면서, 적극적으로 자신의 목표와 소원들을 이루어갈 수 있도록 한다.

목표를 이루는 데 필요한 것은 어마어마한 종잣돈이나 시간이 아니다. 지금부터 목표를 이룰 때까지 계속 시도하겠다는 용기다. 평범한 사람도 목표를 이루고 부자가 될 수 있다. 많은 사람이 Wish 노트를 통해 목표를 달성하는 경험을 하길 바란다.

다음은 Wish 노트 작성법이다. 네 가지 종류의 노트 작성법을 살펴보고 그중 자신에게 맞는 것을 활용하면 된다.

소원(Wish) 노트

- 100일 안에 이루고 싶은 세 가지 소원을 정한다.
- 하나의 소원을 세 번씩 쓴다. 소원을 쓸 때는 반드시 숨을 들이마신 후 꾹 참고 써야 한다. (숨을 참고 소원을 적는 이유는 숨을 참을 때 무의식이 스트레스를 받으며 더 잘 기억하게 되고 그것을 이뤄야겠다고 무의식에 각인되기 때문이다. 숨을 너무 오래 참으면 어지러울 수 있으므로 되도록 소원은 간결하게 적는다.)
- 세 번 연속 소원을 쓴 후에 참았던 숨을 천천히 내뱉는다.
- 마지막으로 '감사합니다'라고 적으며 몸의 긴장을 푼다.

영향력(Influencer) 노트

- 오늘 하루 동안 만난 사람들(강연, TV, 유튜브 포함) 중 나에게 선한 영향력을 준 한 사람을 정한다.
- 그 사람의 장점과 배우고 싶은 점, 인사이트 등을 찾아 메모한다.
- 오늘 만난 사람이 없다면 어제 적은 내용을 다시 보고 강화시킨다.
- 즉시 내 삶에 적용해본다.

성공(Success) 노트

- 오늘 내가 잘한 일을 떠올려보고 3~5가지 정도 적어본다.
- 스스로 칭찬한다는 마음으로 아주 작은 일이라도 기쁘게

적어본다.

해빙(Having) 노트

- I have 영역: 현재 내게 주어진 것, 가진 것에 집중해서 적어본다.

  예) 나에게 커피를 사 마실 돈이 있다. 나에게 좋은 사람들과 대화를 나눌 시간이 있다.

- I feel 영역: 내가 느끼는 감정에 집중해서 적어본다.

  예) 책을 쓰고 있는 지금이 너무 소중하고 감사하다. 아이들과 여행할 수 있는 시간이 주어져서 기쁘다. 책을 선물할 좋은 친구가 있어서 행복하다.

| Wish 노트 예시 |

봄들애

WISH

CHALLENGE

WISH CHALLENGE

writing hope

Date: 20.12.23 박서윤

 # 소원 Wish노트
100일 안에 이뤄질 세 가지 소원

- 봄들애 인스타 콘텐츠 판매 시작
- 봄들애 인스타 콘텐츠 판매 시작
- 봄들애 인스타 콘텐츠 판매 시작

- 봄들애 블로그 최적화 배우고 실행
- 봄들애 블로그 최적화 배우고 실행
- 봄들애 블로그 최적화 배우고 실행

- 두 번째 책 출간한다.
- 두 번째 책 출간한다.
- 두 번째 책 출간한다.

 # 영향력 Influencer노트
오늘 나에게 영향력을 준 사람

〈김종섭 저자님〉

인사이트가 탄탄하신 분들을 보면 "어디서부터 저 영감이 시작될까?" 늘 궁금했다. 그러나 나 자신을 들여다 보았다. 생각해보니 나는 늘 사람들의 말과 행동을 자주 관찰하는 습관이 있는 것 같다. 그 속에서 때로는 깨닫기도 하고, 때로는 인사이트를 얻기도 한다.
김종섭 저자님도 자신과의 대화를 통해 인사이트를 얻는 것이 아니실까? 생각해본다.

〈적용: 관찰 후 깨닫거나 인사이트 받은 것은 즉시 메모!〉

 # 성공 Success노트
오늘 잘 한일 셀프 칭찬

- 서울에 약속 시간보다 10분 일찍 도착해서 시간관리를 잘 지켰고, 신뢰를 주었다.
- 가족들과 오랜만에 맛있는 음식을 먹으며 한 해를 잘 보낸 우리 가족들을 칭찬했다. 서로의 자랑스러운 구성원이 된 우리 가족! 너무 든든하고 행복하다.^^
- 서울에 다녀오느라 피곤했지만 저녁에 출근해서 유료 강의도 듣고, 위시 챌린지도 마무리 했다. 내일은 즐거운 크리스마스 이브^^ 행복한 하루를 잘 마무리 했다.

 # 해빙 Having노트
오늘 나에게 주어진 행운과 내 감정

I have...
- 나에게 교보문고에서 읽고 싶은 책을 살 돈이 있다.
- 나의 인사이트를 책으로 쓸 수 있는 지혜와 필력이 있다.
- 라봄리더스를 함께해주시는 저자님, 라온 대표님, 선배님들이 계신다.

I feel...
- 뿌듯함, 설레임,
- 강남 교보에 가면 절로 부자가 된 것 같다. 책은 내 마음의 고향이다. 설레는 마음으로 내일을 준비하는 마음이다. 감사합니다. 행복합니다. 사랑합니다.

PHIL SPRING

| 나만의 Wish 노트 |

봄들애

WISH

CHALLENGE

WISH CHALLENGE

Writing Hope

★ ★ ★

Date:____________________

 # 소원 Wish노트
100일 안에 이뤄질 세 가지 소원

 # 영향력 Influencer노트
오늘 나에게 영향력을 준 사람

 # 성공 Success노트
오늘 잘 한일 셀프 칭찬

 # 해빙 Having노트
오늘 나에게 주어진 행운과 내 감정

PHIL SPRING

저는 부자가 되기로 선택했습니다

저는 사회 초년생 때부터 월급이 들어오면 명품과 해외여행으로 탕진하기 바빴고, 결혼 후에도 부에 대한 생각과 목표 없이 하루하루 돈 쓸 궁리만 하며 사는 사람이었습니다.

부모님은 항상 '자기 복 그릇은 다 사주팔자에 정해져 있다. 사주에 맞지 않는 큰돈이 들어오면 다른 화를 불러온다. 돈을 탐하는 것은 고귀하지 못한 일이다'라고 말씀하셨습니다. 대신 주변 사람들의 말만 듣고 투자에 실패하고, 다른 사람들의 투자 성공 소식을 들으시며 '아, 그때 그 땅을 사둘걸, 그 상가를 사지 말걸, 그때 그곳에 투자할걸'이라고 자주 후회하셨습니다.

사회적 중력은 우리가 특별하기보다 평범한 사람이 되도록 작용한다고 합니다. 체면 차리기를 중시하며 사회적 중력에 순응하며 살아가시는 부모님의 모습을 보면서 저 또한 은연중에 돈 욕심은 나쁘다고 생각하고 있었습니다. 그래서 처음에는 부에 대한 관념을 받아들이는 데에 시간이 걸렸습니다. 그러나 부를 일구는 실제 모습을 보며 그 길이 맞음을 인정할 수밖에 없었습니다. 왜 돈을 벌고 부자가 되어야 하는지 부에 대한 관념을 바꿀 수 있는 강의를 듣고, 책을 추천받았습니다.

> 먹고 마시고 즐기고 싶을 때, 먹고 마시고 즐길 수 있기 위해 부자가 되고자 해야 한다. 주변에 아름다운 것들을 두고, 멀리 떨어진 곳에 가보고, 마음을 살찌우고, 지성을 계발하고, 인간을 사랑하고, 친절을 베풀며, 세상이 진실에 눈 뜨는 데 한몫하기 위해 부자가 되고자 해야 한다. 자신을 최대한 발전시키는 유일한 방법은 부자가 되는 것이다.
>
> \- 월러스 D. 워틀스, 《부자가 되는 과학적 방법》, 이담북스, 2013

측정하지 않으면 관리할 수 없고, 개선할 수 없다고 했습니다. 그래서 가계부를 쓰기 시작했고, 소비를 통제해 해외 펀드에 투자했습니다. 작지만 부동산 투자도 시작했습니다. 부의 관념이 바뀌고 보니, 창업을 앞둔 사업 마인드까지 변화되었습니다. 내가 원하는 목표를 형상화하고 이미지화했습니다. 목표가 더욱 분명해졌고, 다양한 강의들을 통해 배움으로 나의 지식과 의식을 계속해서 확장해나갈 수 있었습니다.

저는 부자가 되기로 선택했습니다. 눈을 뜨고 보니 이미 모두가 그 길을 달리고 있었습니다. 나만 외면하고 있을 때, 다들 열심히 노력하며 달려가고 있었습니다. 이제라도 그 길을 알게 돼서 다행입니다.

\- 정성희

4

Future

인생의 청사진을 바꿔가고 있는 가

도중에 포기하지 말자.
최후의 성공을 거둘 때까지 밀고 나가자.

– 데일 카네기

성공으로 향하는 6단계 삶의 이정표

인생에는 주기가 있다

••••

성공에 대해 모를 때는 인생의 기울기를 따라가지 못해 버퍼링이 걸렸다. 너무 가파른 곡선을 오르느라 기울기에 허덕거리느라 바빴다면, 성공하고 싶다는 꿈을 꾸고 나서부터는 인생의 기울기가 아닌 주기에 더욱 관심을 갖기 시작했다. 인생을 바라보는 관점이 바뀐 것이다.

세상 모든 것에는 주기가 있다. 낮과 밤의 주기, 하루와 일 년의 주기, 지구의 자전과 공전 주기. 사업도 주기가 있다. 사업은 유아기 - 청년기 - 노년기로 나뉘며, 지속적으로 변화되지 않으면 도태되거나 사라진다. 모든 것은 주기를 지나며 풍성해지기도 하고, 가물기도 한다.

한 사람의 인생에도 주기가 있다. 인생은 출생부터 사망까지 일련의 과정을 거치게 된다. 주기의 간격은 사람마다 모두 다르다. 하지만 주기를 건너뛸 수는 없다. 유아기에서 하루아침에 청년기로 접어들지 않는다. 충분히 과정을 겪어 낸 후에야 안정적인 주기의 흐름을 가질 수 있다.

긴 겨울을 끝마치고 봄이 오면 땅 위로 여린 나물들과 잡초가 뒤엉켜 자리를 잡는다. 어떤 잡초는 주변을 꽉 매울 정도로 풍성하게 자리 잡고, 제법 줄기도 무성하게 자란다. 잡초를 잡아당기면 순식간에 뿌리가 뽑혀 올라온다. 커다란 몸집에 비해 작게 뻗어 있는 뿌리가 앙상하다. 버틸 힘이 없던 뿌리를 가진 잡초는 힘을 들일 필요도 없이 딸려 올라오며 생의 주기를 마친다.

반면 옹골지고 널찍하게 땅에 붙어 있는 녀석이 있다. 껌딱지처럼 땅에 꼭 붙어서 들키지 않으려고 안간힘을 쓰는 것 같은 작은 잡초가 하나 있다. 주변 잡초들에게 땅의 기운을 다 빼앗긴 것처럼 잎들도 땅에 붙어 자란다. 땅에 붙은 잎을 붙잡고 잡아당겨보니 저항력이 엄청나다. 한참을 끌어내도 도무지 나올 생각을 하지 않아서 주변 흙들을 충분히 걷어내고 난 뒤에야 서서히 딸려 올라온다. 뿌리가 얼마나 깊이 내렸는지 끝이 보이지 않을 정도로 길다. 역시 작은 고추가 맵다더니 키 큰 잡초는 맥없이 뽑히고, 땅에 붙어 있던 녀석은 천하장사 같은 뒷심을 발휘한다. 이 잡초의 뿌리 길이를 보니 10센티미터는 가까이 되는 듯하다. 이 잡초의 이름은 나물이라 불리는 냉이다.

냉이와 잡초의 차이는 무엇일까? 충분히 뿌리를 내릴 시간을 갖느냐, 갖지 못하느냐의 차이이다. 우리는 나름대로의 주기를 겪으며 인생이라는 밭에 일련의 뿌리들을 내리는 시간을 갖는다. 그중에 뿌리를 충분히 내리지 못하면 타인에 의해 송두리째 인생이 흔들리기도 하고 좌초되기도 한다. 내 인생을 타인이 흔들지 못하게 하려면 보다 깊이 뿌리내리기 위해 튼튼하고 견고한 주기를 보내야 한다.

성공적인 인생으로 향하는 6단계 인생 주기

••••

인생은 우리가 얼마나 탄탄한 뿌리를 깊이 심느냐에 따라 달라진다. 한 해는 사계절의 주기를 지닌다. 나는 성공적인 인생에서 볼 수 있는 성공 주기를 6단계로 나누었다. 이전에도 말했듯 성공 주기의 간격은 사람마다 다르다. 하지만 일련의 단계들을 겪어낼 때마다 우리 인생의 뿌리는 더 탄탄하고 깊어진다. 뿌리가 튼튼하면 주기가 연속되어도 끄떡없다. 즉 내가 뿌리내린 것들에 의해 후손들의 삶까지 탄탄하게 뿌리내릴 수 있다는 뜻이다. 나뿐만 아닌 내 후대까지의 성공을 바란다면 반드시 성공으로 향하는 인생의 주기를 겪어야 한다.

주기는 반복된다. 그러므로 너무 성급하게 뛰어갔다고 생각하면 제자리로 돌아와 다시 시작하면 된다. 주기가 변하지 않는 것 같다고 초조해 할 필요도 없다. 주기는 계속 흐르고 있고, 내가 충분히 숙성되면 다음 단계로 자연스레 이동하게 된다. 이것은 흐르는 시간을 우리가 붙잡지 못하는 것과 같은 이치다. 인생의 성공을 가져올 준비가 되었다면 성공 주기 6단계에 대해 알아보자.

1단계: 성장

씨앗을 심으면 흙 밖으로 새싹이 돋아날 때까지 충분히 비료를 주고, 빛을 쬐어주고, 물을 주어야 한다. 그렇게 하더라도 하루아침에 씨앗에서 싹이 돋지 않는다. 매일매일 똑같은 패턴이 반복되어야 한다. 의도적 관심과 노력의 시간이 필요하다. 성장은 눈에 보이지 않는다. 하지만 매일매일 임계점에 도달할 때까지 의도적 노력을 해야 한다.

성장은 누가 먼저 알아줄까? 남이 알아봐준다. 나의 태도가 바뀌고, 언어가 바뀌고, 행동이 서서히 바뀌면서 주변 사람들이 느끼는 시기가 온다. 그 시기가 올 때까지 성장 패턴을 매일 그려나가야 한다. 성장이 없는 성공은 있을 수 없다. 아이가 걸음마를 배우지 않고 두 발로 설 수 없듯 성장은 성공으로 가는 필수 요소다.

2단계: 성숙

성숙의 뜻은 무엇일까? 국립국어원 표준국어대사전에는 네 가지 뜻이 실려 있다. 첫째, 생물의 발육이 완전히 이루어 짐. 둘째, 몸과 마음이 자라서 어른스럽게 됨. 셋째, 경험이나 습관을 쌓아 익숙해짐. 넷째, 어떤 사회 현상이 새로운 발전 단계로 들어설 수 있도록 조건이나 상태가 충분히 마련됨.

성장이 지속되면 성숙의 시기가 온다. 성숙은 자신의 성장을 과시하거나 자랑하는 사람에게는 없는 것이다. 겸손이 자연스레 몸에 밴 사람에게 풍기는 원숙미다. 김치가 숙성되면 숨이 죽는다. 사람이 성숙되면 자신을 낮춘다. 공자가 말하는 덕과 예가 몸에 배어 삶에서 나타나는 단계다. 성장하는 것이 마중물을 넣는 것이라면 성숙의 단계는 정화된 물이 가득 고여 있는 상태와 같다.

3단계: 성과

성과의 단계는 임계점을 넘는 시기다. 성장과 성숙의 단계를 거쳐 물이 100도를 넘는 지점과 같다. 성과 주기에는 열매가 생긴다. 인생의 변화구를 경험하고, 그 변화구를 꾸준히 유지하는 법을 깨닫게 되면서 성공 습관들이 하나둘 내면에 자리를 잡는다.

성과 주기에는 성장 단계에서 뿌려 놓은 씨앗들이 성숙의 단계를 거쳐 결실을 맺고, 운이 따르는 시기다. 자신이 열매 맺은 성과물을 보고 많은 사람들이 찾아와 새로운 인연이 만들어지는 시기다. 성과가 많을수록 건강한 영향력이 생긴다. 이 시기에는 내가 가진 노하우들을 마음껏 나누면 더 큰 부를 쌓을 수도 있다.

4단계: 성품

급작스런 성공에 취하는 것을 경계해야 한다. 나도 모르는 사이 자만이 뿌리를 내릴 수 있다. 다른 사람들이 말하는 달콤한 말이 많이 들릴수록 내면을 시험하는 말이라고 생각해야 한다. 칭찬과 비난은 동전의 앞뒷면이다. 칭찬이 많다는 것은 그 말이 곧 비난으로 바뀔 수도 있다는 것을 명심해야 한다. 성공은 가볍다. 언제든 내 곁을 떠나갈 수 있다. 성품주기에는 끊임없이 나의 초심과 마주해야 한다. 초심을 잃는 순간, 내가 열심히 가꾸고 결실 맺은 열매들이 썩어 버린다. 과실이 가장 맛있고 아름다운 시기는 적당히 익었을 때 나무에서 갓 따낸 후다. 갓 따온 과일이 우리의 초심임을 항상 기억해야 한다.

5단계: 성인

성인은 나이가 들었다고 되는 것이 아니다. 인생의 달콤함과 쓴 맛을 충분히 경험해본 후 내공이 쌓였을 때 만들어지는 것이다. 성인 주기에 있는 사람들은 자아성찰을 잘한다. 이들은 연장이 녹슬지 않게 꾸준히 갈고 닦듯이 자신의 생각을 깨어 있게 만든다. 죽은 지식을 경계하고 자신이 성공이라고 생각하는 것을 실제 삶으로 증명해 낸다. 언행일치의 대가들이다. 말과 행동이 같아서 많은 사람에게 존경받고 대우받는다. 성인 주기는 내 삶을 스스로 책임지는 것은 물론 타인의 삶 깊숙이 도움을 줄 수 있는 인생 고수들의 영역이다.

6단계: 성공

성공 주기는 자신이 원하고 바라는 모습대로 성공한 삶을 이룬 사람들이 위치한 곳이다. 경제적, 시간적 자유를 실현하고, 내가 살고 싶은 삶으로 하루하루를 채울 수 있다. 한 사람의 인생을 바꿀 만큼 커다란 영향력을 가진 시기이면서 동시에 권력을 가진 시기다. 내가 살고 있는 세상이 아닌 다음 세대가 살아갈 세상을 향한 고민을 통해 더 나은 세상을 이룰 수 있는 다양한 방법을 시도하고 실현한다. 성공 주기에는 나눔의 파이가 커진다. 나눔은 인간이 행할 수 있는 가장 이기적인 기쁨의 최대치를 누리는 방법이다. 성공 주기에 있는 사람들이 많아질수록 세상은 더 나은 단계로 점점 업그레이드된다.

성공을 향한 출발선에서 어떻게 달릴 것인가

••••

성공의 주기 6단계는 내가 어디에 있는지, 어디로 갈 것인지 알려주는 삶의 이정표다. 성공으로 향하는 이정표가 우리 인생에 그려진다면 보다 수월하게 나아갈 수 있지 않을까?

각자가 정의하는 성공의 모습은 다르다. 그래서 내가 가고 싶은 목적지의 깃발은 저마다 다른 곳에 꽂혀 있을 것이다. 그러나 성공의 주기를 지나가는 것은 모두가 겪어야 하는 과정이다.

우리 모두는 인생 주기의 출발선에 놓여 있다는 것을 잊지 말아야 한다. 주기를 모르면 남이 만들어 놓은 인생의 기울기 때문에 자꾸 미끄러질 수밖에 없다. 인생의 주기를 따라가되 어떤 속도로, 얼마만큼씩 나아갈 것인지 자신만의 페이스 조절을 해나가야 한다.

넘사벽 인생을 만드는 생각타임 효과

문득 떠오르는 아이디어를 대하는 반응의 차이

••••

매일 아침 눈을 뜨면 새로운 아이디어가 스파크처럼 머릿속에서 떠오른다. 스마트폰에 떠오른 아이디어를 메모하고 이렇게 생각한다. “대박 아이디어다. 어떻게 하면 실행할 수 있지?”

내 아이디어를 생각으로 구현해보고, 실제 이루어진 것처럼 머릿속에서 시뮬레이션을 돌려본다. 아주 작게라도 그 아이디어를 삶 속으로 끌어들이려고 부단히 시도한다.

급작스레 떠오른 아이디어가 너무 좋아서 주변 아는 분들께 몇 번 알렸더니 이런 반응이었다.

“그거 자본금이 너무 많이 필요한 것 같아.” “지금 세상이랑 너무 안 맞는 것 같은데?” “이걸 해낼 실력이 될까?” “시간이 너무 오래 걸릴 것 같아. 지금 할 일도 많은데…….” 시도하기도 전에 생각부터 많아진다.

그럼 시간이 지나 그들은 더 좋은 아이디어를 떠올릴까? 아무것도 찾기 못한 채 남의 아이디어에 첨언해준다며 여전히 자신의 의견만 전달하고 있는 사람들이 더 많다.

사업을 하면서 어떻게 사업을 이렇게 키웠냐고 질문해주시는 분들이 많다. 내가 잘나서 사업을 잘 키운 것은 아니다. 사업은 운과 실력이 함께 존재할 때만 잘 굴러갈 수 있기 때문이다. 즉 사업을 잘하는 것에 정답은 존재하지 않는다. 다만 내가 만나본 성공한 사업가들과 이야기를 들으면서 깨달은 점이 있다. 떠오른 아이디어가 있으면 즉시 실행한다는 것이다.

그런데 사업을 하고 싶거나 무언가 도전하고 싶지만 아직까지 시작하지 못한 사람들이 더 많다. 왜 그럴까? 생각이 너무 많아서다. 시작하지 못하는 사람들은 자신의 생각으로부터 자유로워지지 못한다. 자신의 생각을 과대평가 하거나 혹은 무시한다. 생각 속에 갇히면 생각이 또 다른 생각을 낳고, 실행을 가로막는다. 생각으로부터 가장 자유로워지는 법은 아이러니하게도 생각에 매몰되지 않는 것이다.

생각만 많은 사람들은 용기보다 두려움에 지배당한다. ‘잘될 거야!’의 느낌표가 아닌 ‘잘될까?’의 물음표가 꼬리처럼 따라다닌다. 왜 그럴까? 그들에게 도전 의식이 부족해서가 아니다. 내가 아닌 타인의 눈치를 살피느라 도전하지 않는 것이다. 남들의 평가가 두렵기 때문에, 실패하는 것이 두렵기 때문에 생각만 할 뿐 머뭇거리다 모든 것이 끝난다. 그런 생각은 나의 진짜 생각이 아니다. 생각의 탈을 쓴 변명주머니일 뿐이다. 남이 만들어놓은 프레임에 내 가짜 생각을 맞추는 것은 어리석은 일이다. 결국 생각이 너무 깊어지면 생각에 의해 침몰된다.

생각에 매몰되지 않으려면 '나' 자신을 가장 우선순위에 두어야 한다. 내가 나 스스로를 컨트롤할 수 없는 것은 생각하는 척하는 것일 뿐 결국 내 생각을 모르는 상태와 같다. 생각의 중심에 내가 있으면 보다 나답게 생각의 힘을 뻗어나갈 수 있다. 다른 사람의 생각은 참고만 하는 것이다. 그것이 내 생각과 일치하든, 일치하지 않든 다른 의견을 들어보는 것은 재미있는 일이다. 내 생각의 주인이 되기 위해서는 나만의 원칙과 기준이 있어야 한다.

투자의 귀재 워런 버핏은 주식 투자의 기준이 있다.

1. 원금을 잃지 않는다.
2. 1번 항목을 지킨다.
3. 1, 2번 항목을 반드시 지킨다.

투자의 고수조차 원칙이 있는데 내 삶은 어떤가? 몇 개의 기준을 갖고 있는가? 원칙과 기준이 없다면 내가 아무리 좋은 생각이라고 생각해도 그것을 스스로 판단할 수 있는 근거나 확신이 서지 않는다. 그런 상태에서 남에게 의견을 물어본들 무슨 의미가 있을까? 내 생각의 판단 근거는 나 자신의 원칙과 소신이어야 한다.

과연 세상에 최고의 생각과 최고의 선택이라는 것이 존재할까? 생각에 따라 그럴 수도 있다. 하지만 나는 그것을 실행해보지 않고는 그 생각이 과연 최고의 생각인지 알 수 있다는 말에는 동의할 수 없다. 실행도 없이 결과를 점칠 수 있는 사람이 존재한다면 그 사람은 이미 정상에 존재하고 있어야 한다. 워런 버핏조차도 주식 투자에 가끔 실패한다.

생각을 크게 하는 것 vs 최고의 생각을 찾아내는 것

••••

돈 버는 능력을 키우기 위해서 생각을 크게 하는 것은 중요하다. 하지만 최고의 생각을 찾아내야 한다는 것에 대해서는 동의가 되지 않는다. 우리는 매일 최고의 선택처럼 만들어지도록 최선의 선택을 해나가고 있을 뿐이다.

나와 인연이 된 멘토 분들이나 성공한 사업가 분들에게 성공의 비결을 물으면, 그들은 이렇게 답한다. "내 생각을 적립하는 시간과 그것을 다듬는 시간을 충분히 갖는다. 그리고 생각이 명확하게 정립되면 곧바로 실행에 옮긴다."

그들은 생각을 많이 해서 성공한 것일까? 실행했기 때문에 성공한 것일까? 추측하건대 최고의 생각과 선택사항은 존재하지 않는다는 것을 인정하고, 내가 세운 원칙 아래서 충실히 생각하고 즉시 실행했기 때문일 것이다. 생각이 많아질 때마다 이렇게 말해야 한다.

"나는 최고의 방법을 원하는 것이 아니야. 현재보다 더 낫게 도와줄 아이디어와 실행력이 필요한 거야."

내 생각에 조금 더 솔직해질 필요가 있다. 생각에 솔직해지려면 불필요한 생각더미들은 분리수거해야 한다. 찌꺼기는 버리고 영양가 있는 생각을 채워넣어야 한다. 그렇게 하기 위해 중요한 것은 나만의 '생각 타임'을 갖는 것이다.

이 시간은 잠들기 직전에 가지면 좋다. 나는 침대에 누우면 매일 5분간 생각할 시간을 갖는다. 이때 내가 가고 있는 방향성을 점검하고, 목표를 이루기 위해 가장 우선시해야 할 일들의 우선순위를 매긴다. 그다음에 필요한 것은 기록하는 시간이다. 기록하는 시간은 아침에 눈 뜨자마자 5분이다. 기록하기 위해 무언가를 챙기고 준비해야 하는 것은 아니다. 스마트폰 메모 하나면 모든 기록과 아이디어를 놓치지 않을 수 있다. 나머지 23시간 50분(잠자는 시간 포함)은 기록한 생각들을 실행하고 만들어나가는 시간으로 채워야 한다. 생각하는 시간 5분과 생각을 기록하는 시간 5분이 매일 쌓이면 어떤 일이 벌어질까?

'넘사벽 인생'은 생각의 파편들을 연결고리에 끼워넣고 누적시키면서 만들어지는 것이다. 나는 이 스킬을 매일 활용해서 사업을 10배 성장시켰다. 인생 최고의 꿀조합은 생각과 실행의 조

합이다.

부디 생각으로부터 자유로워지자. 생각의 물음표 대신 느낌표를 채워넣자. 소리 내어 세 번 외쳐보라.

"무엇이든 잘될 거야!"

언제까지 과거에 머무를 것인가

최대한 작게, 한꺼번에 시도한다

••••

나는 미래지향형 인간이다. 내 인생에서 가장 행복한 순간은 미래를 그려볼 때이고, 가장 뿌듯한 순간은 머릿속으로만 그리던 미래가 현실로 이루어졌을 때다. 과거를 떠올리면 가슴 한편이 답답해지고, 우울하고, 내 자신이 한없이 초라해진다. 가진 것이 없어서 마음대로 선택할 수도 없었고, 미래를 꿈꾸는 것은 허공에 외치는 메아리였다. 뼈아픈 과거를 들춰낼 때마다 과거에 대한 회의감이 밀려왔다.

다시 과거로 돌아간다면 인생을 리모델링하고 싶다. 현재와 같은 미래가 펼쳐질 줄 알았다면 아무리 찌질한 인생이라 해도 확신을 갖고 꾸준히 도전할 것이다. 먼저 선택지에 대한 제한을

없애겠다. 내 선택지는 A와 B만 있는 것이 아니었다. A-와 A+도 존재했고, B-와 B+도 존재했다. 그 사이에 수많은 소수점 선택도 존재했을 것이다. 또다시 선택해야 하는 상황에 놓인다면 나는 작게, 모든 것을 한꺼번에 시도해보겠다. 내 시선 안에 존재하는 선택지를 하나라도 더 시도해보려고 노력해볼 것이다. 즉 선택사항의 멀티유저가 되겠다.

과거가 아닌 미래의 시야를 넓힌다

••••

선택의 폭을 넓히려면 시야의 스펙트럼이 중요하다. 과거에만 머무른 시선은 앞에서 잡을 수 있는 기회를 놓친다. 카이스트에 766억 원을 기부한 광원사업 이수영 회장이 말한 부자가 되는 방법에는 두 가지가 있다. 첫째, 근검절약한다. 둘째, 기회는 앞에서 잡아야 한다. 내 시야가 과거와 현재에만 존재한다면 앞에서 다가오는 기회를 잡을 수 없다. 저 멀리 미래에 벌어질 기회와 에피소드를 향해야 한다.

과거는 바꿀 수 없지만, 미래는 원하는 대로 만들어낼 수 있다. 내 미래가 잘될 것이라는 확신이 선다면 꾸준히 미래를 꿈꿔야 한다. 현재에 일어나는 일련의 사건들로부터 저항해 나 자신의 꿈을 지켜내는 방법은 성공적인 미래를 상상하며 가꿔가는 것뿐이다. 과거가 아니라 미래를 바라보는 시야가 현재의 고통을 이겨낼 수 있게 돕는다.

만약 내 시선이 과거로 회기하려고 한다면 현재의 자신을 깨뜨리는 것에 대한 두려움을 느끼고 있는 것이다. 두려움과 후회 때문에 과거에 발목을 잡힌다면 과거라는 쳇바퀴에서 영원히 탈출할 수 없다. 그럴 때는 나의 두려움을 줄여줄 긍정적 피드백을 주는 멘토나 지인을 찾아 연락하라. 어쭙잖은 위로가 아니라 비전과 에너지를 듬뿍 심어줄 사람이어야 한다. 적어도 나보다 두세 단계 우위에 선 사람, 내가 걷고자 하는 길을 먼저 걸어간 사람이 진짜다. 진짜가 해주는 조언은 담백하다. 꾸밈이 없다. 당신이 두려움을 느끼는 지점, 과거로부터 묶여 있는 장벽을 허물어 줄 것이다. 어떻게 해서든 과거로부터 묶여 있던 묵은 동아줄을 과감하게 끊어내야 한다. 과거는 어차피 죽은 시점이니까.

그다음은 어떻게 해야 할까? 당신의 내공을 업그레이드해야 한다. 지금부터는 당면한 현실 너머를 바라보기 시작해야 한다. 전지적 미래 시점을 즐겨야 한다. 지금부터 1년 후, 5년 후, 10년 후 내 모습이 어떻게 달라질 것 같은가? 아주 구체적이고 생생하게 그려볼 수 있어야 한다. 눈앞에 빈 도화지가 있다. 먼저 무엇을 채우고 싶은가? 커다란 전원주택, 1,000명이 꽉 찬 화려한 무대, 나의 자존감을 한껏 올려줄 유니폼, 무엇이라도 좋다. 더 행복한 인생, 더 나은 내일이 펼쳐지도록 생생하게 꿈꾸고 그려내자. 이때 주의할 점이 있다. '나는 안 돼'라는 생각은 눈곱만큼도 허락하지 말자.

처음에는 불투명함을 지우는 것부터 시작한다. 흐릿해서 잘 보이지 않지만 그 안에 무언가 가려져 있다는 것을 인지한다. 뿌옇게 가려진 흐릿한 안개더미를 하나하나 도화지 밖으로 걷어내 보자. 점점 생생해진다. 생생해진 모습 사이에 내 감정도 끼워넣어 보자. 그 모습을 떠올리면 어떤 생각, 어떤 기분이 드는지 떠올려본다. 그렇게 한 단계씩 내 미래로 시야의 스펙트럼을 넓혀 가보자. 다시 시야가 현실로 돌아오면 잠시 심호흡을 하고 미래 시점으로 전진하면 된다. 과거나 현재 시점으로 되돌아가는 것을 두려워하지 말자. 반복할수록 뇌 속에 더 선명하게 저장된다.

'위기'의 본질

••••

사실 우리 인생은 과거, 현재, 미래로 나누어진 것이 아니다. 인생은 하나의 연속선상에 있다. 과거에 했던 경험은 깨달음과 배움을 주었을 테고, 현재의 시간은 나의 생산성을 높이게 했고, 미래에 다가올 경험은 나를 더 나은 사람으로 성장시켜 줄 것이기에 소중하다. 인생은 게임과 같다. 한 번 실패했다고 끝나는 것이 아니라 기회라는 보너스가 항상 존재한다. 사람들은 기회가 주어지는 것을 운이라고 부른다. 기회를 잡기 위해서는 기회라는 녀석의 특징을 알아야 한다. 기회는 모든 인생 안에 존재하지만 굉장히 불공평하다. 기회는 몰래 찾아오기 때문에 기회를 찾으려고 움직이는 사람에게만 보인다. 순식간에 지나쳐 가기에 가만히 있으면 잠깐 머물다 빠르게 스쳐지나간다. 또 기회는 위기 속에 숨어서 몰래 다가온다. 인생에 반전이 있는 이유는 모든 위기 안에 기회가 숨어 있기 때문이다. 위기라는 말이 '위험과 기회'임을 우리 모두는 알고 있다. 다만 누군가는 위험 속 기회를 발견하고, 누군가는 위험 속에 허우적대다가 기회를 떠나보낼 뿐이다.

세상에서 가장 위험한 삶을 사는 사람은 미래에 대한 생각조차 하지 않는 사람이다. 부디 과거의 고통스러웠던 순간만을 떠올리며 후회하는 우를 범하지 말자. 잠시 고개를 들어 미래라는 녀석을 빨리 데려오도록 노력하자. 모든 사람은 행복한 미래를 누릴 권리와 의무가 있다.

가장 확실한 성공의 기준

원금을 잃지 않는 가장 안전한 고이율 투자처

• • • •

부모님 세대의 성공하는 비결 혹은 부자 되는 길은 저축이었다. 그러나 지금은 아니다. 더 이상 통장에 잠들어 있는 돈이 우리의 미래를 지켜줄 것이라고, 원금보장이 된다고 확언할 수 없다. 금리가 하락하고 인플레이션이 발생하면서 돈의 가치가 떨어지고 있기 때문이다. 돈을 고스란히 모으는 것 외에 또 다른 조건들이 충족되어야 한다.

저축이 답이 아니라면 무엇으로 성공하는 부의 축적을 이룰 수 있을까? 좋은 곳에 투자를 해야 한다. 투자를 시작할 때 첫째 조건은 원금을 잃지 않고 보장받을 수 있어야 한다. 세상에는 많은 투자처가 있다. 그러나 원천적으로 원금을 잃을 염려 없이 지속적으로 이율을 높일 수 있는 투자처는 딱 한 곳 밖에 없다. 어디일까? 바로 나 자신이다. 투자할 때는 기본적으로 내가 잘 아는 분야에 해야 한다. 세상에서 나를 가장 잘 아는 사람은 누구일까? 그 역시 나 자신이다. 그러므로 나는 나 자신에게 투자하는 것이 가장 현명한 투자라고 생각한다. 이것은 가장 확실한 원금 보장형 투자이며 확실한 성공의 기준이다. 잘만 하면 고이율까지 노려볼 수 있다.

건강한 원금은 건강한 이율을 만든다. 고소득 고이율을 위해 건강한 투자 가치가 되도록 자신을 개발해야 한다. 어떤 방법으로 개발할 수 있을까?

내가 추천하는 방법은 매일 나를 가장 사랑하는 시간을 선물로 주는 것이다. 오로지 나 자신에게 집중해 성장하는 경험을 선물로 주는 것이다. 책을 읽는 것, 운동을 하는 것, 건강한 대화를 나누는 것, 멘토를 만나는 것, 적절히 휴식을 취하는 것, 건강한 음식을 먹는 것, 모두가 스스로에게 성장하는 기쁨을 주는 시간이다.

나를 가장 사랑하는 하루를 만드는 법

••••

나의 하루는 새벽 4시 30분, 베란다 밖으로 보이는 풍경을 보며 경이로움을 느끼는 것으로 시작된다. 또 매일 아침 책을 집

필하거나 독서를 하는 것으로 나를 충분히 성장시키고 사랑하는 시간을 갖는다. 오후엔 날씨가 흐리거나 안 좋으면 가끔 계단 타기를 하고, 날씨가 맑으면 충분한 햇살을 맞으며 산책하는 것으로 나를 사랑하는 시간을 채운다. 저녁엔 나의 하루 일과를 점검하고 새로 맞이할 내일의 계획과 일정을 세우는 것으로 시간을 채운다.

하루에도 몇 번씩 나는 멋진 하루를 선물하는 투자가로 변신한다. 계속해서 나를 사랑하는 시간들을 채우면 어느새 다른 사람들도 나를 아끼고 사랑하게 된다. 나 역시 나를 사랑하는 방법대로 타인들을 돕고 싶어진다. 이것이 완벽한 원금보장형 고이율 성공의 선순환이 아니면 무엇일까? 나를 사랑하는 시간이 많아질수록 이율은 점점 더 높아진다. 배당금도 높아진다. 심지어 원금까지 확실히 보장된다. 나 자신을 성장시켜 나가는 것은 나를 황금알을 낳는 거위로 만드는 것이다.

나를 사랑하는 시간을 선물하는 것이 왜 중요할까? 나에게 성공 경험을 선물로 주는 것이기 때문이다. 성공은 제프 베이조스가 대신해주는 것이 아니다. 워런 버핏만 하는 것이 아니다. 빌 게이츠만 갖고 있는 비밀 공식이 아니다. 평범하고 초보인 우리들도 하루에 몇 번씩 성공을 만들어낼 수 있다. 스스로 성공 경험을 즐길 마음가짐만 갖고 있다면 말이다.

성공을 경험하고 싶다면 쪼개야 한다

····

중요한 것은 우린 아직 성공의 초짜들이다. 큰 성공대신 작은 성공 경험들을 쌓아나가야 한다. 투자도, 사업도 첫 번째부터 거액을 투자해 시도하는 것은 어리석은 짓이다. 나에게 현재 1,000만 원이 있다면 나는 분산 투자를 할 것이다. 작게 쪼개어 여러 가지를 시도할 것이다.

큰 성공을 일궈가는 것 역시 다양한 분야를 분산해서 계획하되 작은 것부터 시도해야 한다. 주사위를 한 번 던져서 6이 나올 확률은 극히 적다. 횟수를 늘려 최대한 많은 시도를 해야 한다. 성공으로 향하기 위해서 우선 성공을 쪼개야 한다. 그렇게 하기 위해 나의 하루에 작은 성공 경험을 쪼개서 누적시켜보자.

내가 자신을 성장시키는 방법을 아무것도 몰랐을 때, 10년 이상 자신을 성장시켜온 분들은 하나같이 새벽형 인간이었다. 나도 새벽에 일어나 독서를 시작해야겠다고 생각했다. 그날 바로 새벽 5시에 알람을 맞춰놓고 잠이 들었다. 알람 소리를 듣고 눈을 떴지만 정신이 몽롱했다. 하지만 포기하지 않고 5일을 도전했다. 5일 후 혓바늘이 돋고, 눈이 따끔따끔 해지더니 눈병이 찾아왔고, 피부가 푸석해지기 시작했다. 무엇이 문제였을까? 마음먹기만 하면 하루아침에 180도 바꿀 수 있다고 믿은 나 자신에 대한 과대평가가 문제였다. 더 큰 문제는 내가 저녁 12시가 넘어 잠든다는 사실이었다. 새벽에 일찍 일어나기 위해 더 근본적인 해결책은 저녁 잠자리를 일찍 드는 것이었다. 그 후 나는 시행착오를 겪으며 단계를 쪼갰다.

1단계 저녁 11시 이전에 취침하기 30일 도전
2단계 아침 7시 기상은 6시 30분으로 30분 앞당기기 30일 도전
3단계 아침 6시 30분 기상을 30분 앞당기기 30일 도전
4단계 아침 기상 후 독서 한 시간 하기 100일 도전
5단계 아침 기상 후 독서 두 시간 하기 100일 도전
⋮
10단계 새벽 4시 30분 기상 후 책 쓰기 100일 도전

구체적으로 쪼개어 미션처럼 도전하다 보면 어느새 좋은 루틴이 생긴다. 지금도 나는 도전하고 싶은 것이 생기면 작게 쪼개 보는 것부터 시작한다. 만약 나에게 어떤 성공 경험들이 축적되는지 추적해보고 싶다면 '성공일기'를 함께 써보면 좋다. 하루에 다섯 가지 내외로 내가 경험한 것들 중 아무리 작은 것이라도 도전에 의의를 두고 써보자.

일어나자마자 잠자리를 정리하는 것, 시간 약속에 늦지 않으면서 신뢰와 신용을 쌓아가는 것, 나의 하루 일정을 미리 계획해보고 그대로 살아보는 것 등이 모두 작은 성공 경험들이다. 이런 성공 경험들이 쌓이는 것이 바로 나를 사랑하는 시간을 선물로 주는 노하우다. 나는 이것이 가장 확실한 성공의 기준이라 믿는다.

전략적 포기자로 사는 법

실행보다 중요한 방향성

••••

우렁차게 울리는 알람과 함께 두 눈이 번쩍 떠진다. 약간 쌀쌀한 새벽 공기를 맞으며 하루 일과가 시작된다. 2시간 동안 책을 읽고, 아침 7시에는 아이들을 등교시키고, 약간의 집 정리 후 8시에는 출근을 하고, 출근 즉시 회의와 오전 업무 및 미팅 일정이 시작된다. 점심을 라면으로 대충 때우고, 오후 강의 전 부지런히 오늘 해야 할 일들을 하나씩 처리해나간다. 할 일 목록에 빼곡히 적힌 리스트들이 보란 듯이 선명한 글씨로 자리를 차지하고 있다. 매일 지쳐 쓰러지기 일보 직전까지 일에 몰두했다. 그렇게 며칠을 치열하게 살다 보면 작은 신호들이 몸에서 나타난다. 헛바늘이 돋고, 두통이 밀려온다. 뒷목이 뻐근해지는 건

기본이고, 꿈속에서 조차 업무하느라 허겁지겁인 내 모습을 발견한다.

일벌레였던 나는 최선을 다해 일에 몰두해서 좋은 결과를 만들어내려고 했다. 다른 건 루저일지 몰라도 일에서만큼은 프로페셔널해지고 싶었던 것이다. 하지만 결과는 그것과 정반대였다. 1분 1초가 아까워 라면과 인스턴트 음식으로 끼니를 채우며 일하는데도 통장은 텅장(텅 비어 있는 통장)이 되어 갔다. 직장에 다녔더라면 적어도 월급의 기쁨은 누렸을 텐데 꿈꾸던 사업가의 현실치고는 메마르고 인색한 통장이 서글펐다. 무언가 잘못된 방향으로 흘러가고 있다는 사실을 직감적으로 느낄 수 있었다. 그러나 잘못된 방향이란 것을 알면서도 외면한 채 나는 현실에 더 매달렸다. 조금이라도 통장을 살찌우고 싶어서 각종 영양제를 우겨넣고 더 치열하게 일했다. 마치 무언가에 홀린 사람처럼 말이다. 그러던 어느 날 지친 몸이 나에게 말을 걸어왔다.

"너 지금 뭐하고 있는 거야?"

'멍부'보다 '똑게'가 되자

····

모든 것을 멈추고 적신호를 켰다. 내가 나아가고자 하는 방향과 내가 서 있는 위치가 서로 잘 맞는지 한번 점검할 필요를 느꼈다. 막무가내 행동을 멈추고 생각이란 걸 하기 시작했다. 먼저 할 일 목록을 찬찬히 읽어보았다. 맙소사! 나는 스스로에게 별명을 하나 추가해주었다. '쓸데없는 일 제조기'라고. 모든 일이 중요하다고 느낀 나머지 일의 강약을 파악해내지 못했던 것이다.

의욕만 앞섰던 나는 아무런 전략도 없는 성실의 아이콘이 되어 있었다. 이렇게 가다간 목적지는커녕 절반도 못가 지쳐 쓰러지지 않으면 다행이었다. 멍청하고 부지런하면 가장 고생한다고 하더니 딱 그 짝이었다. 새로운 전략이 필요했다. 많은 리더들이 선호한다는 똑게형(똑똑하고 게으른) 인재 말이다!

내가 가고자 하는 위치는 단기간에 갈 수 있는 곳이 아니었다. 단기전일 때와 장기전일 때의 전략은 서로 다르다. 나는 장기전으로 승부를 보아야 하기에 장기전에 좋은 전략이 필요했다. 장기전에 좋은 전략은 보통 사람들보다 아주 조금 더 밀어붙일 능력을 갖는 것인데, 그때 필요한 것이 '전략적 포기'다.

전략적 포기에서 중요한 것은 모든 것을 다 잘해야 한다는 마음을 포기하는 것이다. 모든 것을 잘할 수 있다고 믿는 것은 자만이다. 스스로 모든 것을 다 이룰 수 있다면 우리가 서로 합심하거나 힘을 합칠 이유가 전혀 없지 않은가? 모든 것을 다 잘할 수 없다는 사실을 받아들이고, 잘할 수 있는 것에 더욱 집중해야 한다. 포기라는 말이 왠지 패배자의 단어 같다고 느낀다면 큰 오산이다. 포기의 반대말은 무언가 선택하는 것이 아니라 집중이다. 불필요한 것을 포기하는 대신 반드시 해야 할 일에 집중하는 것이다. 무작정 모든 것에 열심인 삶과, 전략적으로 포기와 집중을 선택해서 열심인 삶의 질은 180도 다르다. 목표한 곳에 도달하려면 전략적 포기자로 사는 법을 배워야 한다.

전략적 포기자의 성공 루틴을 한번 살펴보자. 우선 나의 하루 일과를 나열해본다. 3일도 좋고, 한 주도 좋다. 노트 한 페이지에 쭉 나열해보면 지금 내가 길을 잃고 헤매고 있는지, 적어도 방향성을 맞춰가고 있는지, 매우 잘 나아가고 있는지 보인다. 만약 아직 방향조차 정하지 못했다면 일단 가고 싶은 방향부터 정해보자.

노트에 일과를 적었다면 다음으로 중요한 일들을 찾아 체크해보자. 중요한 일이란 현재 내가 서 있는 곳에서 조금 더 앞선 곳으로 나를 이동시켜 줄 수 있는 일들을 말한다. 중요한 일을 찾았다면 다른 종이 한 장을 꺼내 반으로 나누어보라. 그리고 왼쪽에는 포기 리스트, 오른쪽에는 집중 리스트로 분류해 적어본다. 이제 오른쪽에 쓰여진 집중 리스트들 위주로 할 일 목록을 새롭게 재정비할 일만 남았다. 포기할 것은 깔끔하게 정리하고, 집중할 것에 시간을 할애해보자. 진정한 전략적 포기자로 사는 인생을 느낄 수 있게 된다.

'텅장'이 '통장'으로 되는 비결은 전략적 포기를 하는 것이다. 기꺼이 유희적 즐거움을 포기해야 한다. 자신의 나태함을 포기해야 한다. 두렵고 불안한 마음을 포기해야 한다. 밑바닥까지 걱정하는 생각들을 포기해야 한다. 사방에서 몰려오는 유혹들을 포기해야 한다. 포기한 자에게 되돌아오는 성과와 기쁨은 말로 표현할 수 없을 만큼 크다. 부디 당장 즐길 수 있는 안락함으로부터 빠져 나와 포기를 선언해보기 바란다. 아름다운 포기를 선언할 때 인생의 황금기를 맞이할 수 있다.

마지막으로 TV의 유혹에서 빠져나올 수 있는 명언 하나를 남긴다.

"Television 켜지 말고 Tell a vision 하자!"

돈이 쌓이는 구조의 비밀

사업 후 깨달은 인생의 비밀

••••

"일요일은 내가 짜파게티 요리사!"라고 말하던 짜파게티 광고 속 명대사가 떠오른다.

실제로 우리 집은 일요일 점심이 항상 라면이었던 것 같다. 사업하면서 일요일도 월요일 같이 일을 해야 했기 때문이다. 사업 초기 나에겐 사업 밖에 내 삶을 바꿀 수 있는 선택지가 없었다. 사업을 어느 정도 성공의 궤도에 올릴 때까지는 전적으로 사업에 올인해야만 했다. 그런데 바쁜 엄마 탓인지, 툭하면 두 아이들이 번갈아가면서 아팠다. 큰 아이는 비염 때문에 고생하고, 둘째는 가끔씩 찾아오는 열감기로 며칠을 앓아 누웠다. 사람들은 젊은 나이에 사업으로 돈도 많이 벌고, 좋은 일 한다며 칭찬해줬다. 하지만 나는 엄마의 역할 중 많은 부분을 사업에 쏟아부어야 했기에 좋은 엄마는 아니었다. 돈을 많이 벌면 벌수록 결국 가정에 빨간불이 들어오는 횟수가 잦아졌다. 내가 있는 곳에서 만큼은 최선을 다하려고 부단히 노력했지만 이런 일이 반복될수록 일과 가정의 균형에 대한 딜레마가 항상 숙제처럼 따라다녔다.

문제를 맞닥뜨릴 때마다 질문이 꼬리에 꼬리를 물고 머릿속에 맴돌았다. 혹시 내가 나라는 사람의 가치를 잘못 판단하고 있는 것은 아닐까? 모든 것을 잘해낼 수 있을 거라고 스스로 과대평가하고 있는 것은 아닐까? 그러다 중요한 사실을 하나 깨달았다. 모든 인생은 오직 한 가지 일에만 집중할 수 없다는 사실이었다.

입체적 인생을 만드는 네 개의 기둥

····

인생은 단면이 아니라 입체적이어서 흔들리지 않으려면 기둥이 단단하게 받치고 있어야 한다. 그런데 한 쪽 기둥에만 매달려 다른 기둥들을 세우지 않으면 버티지 못하고 무너진다. 기둥 하나를 아무리 견고하게 만든다 해도 결국 균형이 깨져버린다.

우리 인생은 네 개의 기둥으로 세워져 있는데, 각각 탄탄히 서 있지 않으면 인생의 불균형이 생겨 결국 불안정한 인생이 지속될 뿐이다. 불안정한 인생이 계속되면 돈을 아무리 많이 벌어도 다른 기둥이 무너져 그곳으로 돈이 빠져나가게 된다. 그와 반대로 인생에 필요한 네 개의 기둥을 단단히 고정시켜 두면 지속적으로 성공을 경험하게 되고, 돈이 쌓이는 구조를 만들 수 있게 된다.

기억해야 할 것은 네 개의 기둥이 영원히 고정되어 있지 않다는 것이다. 그래서 지속적으로 기둥이 잘 세워져 있는지 점검해야 하고 관리해주어야 한다. 이것이 인생이 순항하게 하는 방법이다. 우리는 이 네 가지 기둥의 특성을 이해해야만 한다.

삶의 질을 결정하는 '업(業)'의 기둥

업의 기둥은 생활수준에 큰 영향을 준다. 우리의 삶을 변화시킬수도 파괴할 수도 있기 때문에 어떤 업을 선택하느냐는 삶의 질을 결정짓는 중요한 요소다. 혹시나 업을 잘못 선택했다고 걱정하지 마라. 업의 기둥에는 기회가 많아 내게 맞지 않는 업을 선택했다고 해서 끝이 나는 것이 아니다. 오히려 반면교사로 삼아 더 나은 업을 찾을 수 있다.

좋은 업의 기준은 내가 매일 몰입해도 놀이처럼 즐길 수 있느냐에 따라 나뉜다. 나에겐 사업이 놀이다. 사업은 매일 외줄타기를 하는 기분이지만 그만큼 아슬아슬해서 더 매력적이다. 그리고 그 외줄을 안전하게 건너왔을 때 무한한 성취감이 나를 반긴다.

평소에 잘 돌봐야 하는 '가정'의 기둥

가정은 보금자리이면서 안식처다. 업의 기둥은 깨져도 다시 이어 붙일 수 있지만 가정 기둥은 깨지면 회복이 거의 불가능하다. 그래서 가정이라는 기둥은 평소에 잘 돌봐주어야 한다. 가정의 기둥에 금이 가기 시작하면 순식간에 무너져 내린다. 가정의 기둥이 깨지면 다른 기둥이 아무리 잘 세워져 있어도 마음의 평안이 없다. 그렇기 때문에 평소에 충분히 가정에 관심을 갖고 함께 하는 시간의 질을 높여야 한다. 다른 것을 성공시키기 위해 가정의 희생을 강요한다면 얼마 못 가 크게 불리한 상황이 닥치게 될 것이다.

자신에게 귀 기울이는 '영성'과 '자아실현'의 기둥

영성은 우리 내면의 목소리다. 우리 삶은 내면의 목소리에 집중할 때 더 의미가 깊어진다. 내면의 목소리를 듣기 위해서는 때때로 고요한 혼자만의 시간이 주어져야 한다. 아무에게도 방해받지 않는 혼자만의 시간에 들어갈 때 나의 직관이 말을 걸어온다.

너무 바쁘기만 하면 내면의 고갈을 알아채지 못한다. 내면이 건강하지 못하면 역시 좋은 선택을 할 수 없다. 내가 원하는 삶이 아닌 선택당하는 삶을 살게 된다. 내 인생을 온전히 사랑하는 방법은 내면의 목소리에 귀를 기울이고 나 스스로를 발전시켜 자아실현 과정을 즐기는 것이다.

꾸준함이 필요한 '건강'의 기둥

가정 기둥과 마찬가지로 건강 기둥에 금이 가면 모든 것을 잃을 수도 있다. 건강 기둥은 두 가지 측면을 모두 돌봐야 한다. 하나는 육체적 건강이고, 다른 하나는 정신적 건강이다. 이 둘은 서로 유기적으로 연결되어 있다. 육체적 건강은 평소 식단과 운동 습관으로 관리할 수 있고, 정신적 건강은 유익한 사람들과 함께하며 건전한 커뮤니케이션을 하면서 이뤄나갈 수 있다. 평소 정신 건강을 위해 나의 감정을 조절하는 연습을 꾸준히 해내는 것도 좋은 방법이다. 건강 기둥의 중요성은 아무리 강조해도 지나치지 않다.

앞서 말했듯이 하나의 기둥에만 너무 초점을 맞추면 나머지 세 개가 동시에 무너지는 함정에 빠지게 된다. 정원사가 때마다 나무를 다듬고, 정원을 가꾸듯 네 개의 기둥을 고루 관리해야 한다. 네 개의 기둥은 서로 유기적으로 연결되어 있음을 잊어서는 안 된다. 숲의 관점으로 바라보지 않으면 유기적으로 구성된 이들은 즉시 붕괴될 것이다. 완성하는 네 기둥을 꾸준히 관리해야 행복한 인생을 완성할 수 있다. 이것이 바로 돈이 쌓이는 구조의 비밀이다.

우리 집 주말에는 어느새 짜파게티 식단이 사라졌다. 대신 먹고 싶은 메뉴를 아이들이 번갈아가면서 정하기로 했다. 사업도 번창하면서 아이들이 아프지 않고 건강하게 자라는 비결은 네 개의 기둥 중 하나인 가정이라는 기둥을 더욱 견고하게 다듬어 나가면 된다. 사업가의 완성은 가정의 평안이 먼저 완성되었을 때 더 완벽해진다. 오늘은 아이들과 함께 장을 좀 봐야겠다.

성장의 축이 된 행동력

우리는 태어나서 수많은 교육을 받는다. 내가 학교를 다니며 받았던 교육은 사십 중반을 살아온 지난 삶에 얼마만큼의 지지와 힘이 되었는지 잘 느낄 수 없었다. 어릴 적 가정 경제가 다였던 부모님의 환경 또한 내게 인생을 살아내는 뒷심을 주기엔 부족했다.

세 아이가 내 품에 오고 나서야 엄마도 공부가 필요하다는 것을 깊이 깨닫게 되었다. 그때부터 아이들이 위대한 사람들의 이야기를 들으며 그 가치관으로 올바르게 자랄 수 있도록 돕고자 했다. 그러나 아이들 교육을 위해 매번 수업에 갈 때마다 심장이 깨지는 경험을 했다. 그 시점에 큰 시련까지 찾아오면서 내 삶을 돌아볼 수밖에 없었다.

'나는 무엇을 위해 사는 걸까? 대체 무엇을 할 때 내 가슴이 뛰는 걸까? 내가 좋아하는 것이 무엇이지? 앞으로 나는 어떻게 살아가야 하나?'

이때 그냥 살아온 내 삶에서, 내가 생각하는 지금까지의 삶과는 다른 세 아이의 엄마도 꿈이 생기는 커다란 변환점이 되는 질문을 만났다.

'내가 잘하는 것이 무엇일까?' 한참을 생각해보다가, 지난날 아이의 몸에 생긴 병이 병원에서도 치료될 수 없다는 것을 뼈저리게 느낀 후, 아이를 살리기 위한 방법을 찾아 밤마다 공부하면서 오로지 먹거리를 바꾸고 한 달간 열심히 공부하고 간호한 끝에 아이를 정상으로 되돌리는 경험을 떠올려보았다.

주변에서도 '○○의 엄마였기에 가능했다'는 이야기를 간혹 듣기는 했지만 나는 모든 엄마들도 이렇게 했을 거라 생각했었다. 그런데 이 계기가 나에게 체질이란 것을 배우게 되는 큰 출발점이 되었다. 그 후 내 가족은 물론 주변인들까지 음식으로 건강이 크게 회복되는 놀라운 경험들이 쌓이면서 이 일은 꼭 해야만 하는 것이라고 자신하게 되었다.

음식 구분으로 당뇨가 저절로 회복되고, 25년간 앓아온 피부 질환이 낫고, 단백뇨가 사라지는 등 많은 분들의 건강이 자연적으로 치유되면서 천지개벽할 일이라는 소감들은 나를 더욱 성장시키게 하는 원동력이 되고 있다. 결국 이 꿈을 통해 국제자연치유협회 인천지부 대표라는 이름표가 생겼고, 많은 사람들을 음식으로 살려내는 경험들을 함께 쌓아가고 있다.

시든 나무같았던 내가 행동력이라는 영양분을 만나 심장이 다시 뛰는 경험을 하며, 단단히 얼어붙은 땅위를 뚫고 무럭무럭 자랄 수 있는 힘으로 잎이 무성한 열매를 맺어나가고 있다. 이 시간을 통해 배운 정신 용기와 실천, 적용(행동력), 배려는 내가 살아가는 날들의 큰 영양분이 될 것이다.

5

Action
부자로 가는 실행을 하고 있는가

인생에서 가장 큰 공백은
아는 것과 행동하는 것 사이에 있다.
– 딕 빅스

성공으로 가는 실행의 정석

머리와 다리는 한 끗 차이

••••

사업을 시작하게 되면서 시간의 흐름이 무척 다르게 느껴지기 시작했다. 사업할 때 흐르는 시간은 마치 응급실에서 일분일초 사투를 벌이는 의사들의 시간과 닮아 있었다. 만약 나에게 시간을 관리해야 한다는 개념이 없었다면 사업이라는 거대한 블랙홀이 만들어 낸 시간 유속에 휩쓸렸을 것이다.

시간은 머리만으로 관리할 수 없다. 머리와 다리가 함께 움직여야 한다. 시간이 머리로만 관리될 수 있다면 계획한 대로 100퍼센트 실현되어야 한다. 하지만 계획한 그대로 하루를 살아가는 사람은 거의 없을 것이다. 사업가라면 더더욱 그렇다. 시간적 자유를 얻지 못한 상태라면 그 사업가는 시간을 온전히 활용할 수 없을 것이다.

시간을 관리하는데 머리와 다리가 함께 사용되어야 하듯 사업도 머리로만 일구어낼 수 없다. 머리와 다리가 함께 움직여야 한다. 즉 생각과 행동이 함께 가야 한다는 말이다. 머리로는 사업의 미래, 앞으로의 계획, 로드맵 등을 생각해야 한다. 경영자라면 머리를 사용하는 데 더 많은 시간을 쓴다. 사업에 고용된 직원이라면 다리를 더 많이 쓴다. 모든 살아 있는 지식은 현장에만 존재한다. 경영자는 현장에 두 발을 들여놓고 있어야 한다. 현장을 벗어나는 순간 꼰대가 되는 건 한순간이다.

머리경영자에서 머리와 다리경영자로

••••

나는 무언가를 시도할 때 머리로만 해내려고 하는 사람들을 머리경영자라고 부른다. 이들은 몇 가지 특징을 갖고 있는데, 우선 회의 시간이 무한정 길다. 툭하면 아랫사람에게 서면 보고를 강요한다. 자신의 머리에 정답을 정해놓고 있기 때문에 정해 놓은 정답에서 벗어난 결과를 보고받으면 다시 보고를 요하거나 회의를 재탕한다.

또 다른 특징은 남 탓을 하는 것이다. 머리경영자는 현장지식이 없거나 부족하다. 때문에 원인을 파악하는 대신 결과로 추궁한다. 원인이 아닌 결과만을 바라보면 남 탓처럼 보인다. 자신은 현장에 없었으니 나와는 상관 없다는 일차원적인 생각 때문에 내 책임이 아닌 남 탓이 되는 것이다. 이런 경영자 밑에서 일하는 직원 역시 책임 회피 성향이 강해진다.

머리와 다리가 함께 움직이는 경영자는 다르다. 머리로 생각만하는 자체로는 의미가 없다. 머리에 담긴 아이디어를 구현할 행동이 따라야 한다. 특히 사업에서는 즉시 행동이 이뤄지지 않으면 금방 매출에 타격을 입는다.

머리로 비전과 분명한 목표를 세우고, 그것을 달성하기 위해 구체적인 행동들을 해나갈 때 사업의 발전 역시 도모할 수 있다. 머리와 다리의 속도 차이와 간극을 좁히면 좁힐수록 사업 역량이 커진다.

인생을 성공으로 이끌어주는 요소인 행동력, 성실, 도전과 뚜렷한 목표 같은 것들은 머리와 다리가 함께할 때 의미가 있다. 아무리 좋은 전략을 가졌다 해도 다리가 움직이지 않으면 반쪽짜리 전략일 뿐이다.

머리와 다리가 함께 움직이는 실력은 적극적인 실행 훈련을 통해 만들어질 수 있다. 현미밥이 건강에 좋다고 알고 있는 사람과 현미밥이 좋다는 것을 알고 저녁 식사를 현미로 대체하는 사람의 시간은 다르게 흐른다. 지식을 알고 있는 사람은 많지만 지식을 실천하는 사람은 적다. 지적 유희를 즐기는 사람은 많지만 지속적 아웃풋을 통해 사람들을 돕는 지적 나눔을 실천하는 사람은 적다.

스스로 실천하는 것이 잘 안된다고 느껴진다면 실천할 수밖에 없는 환경을 만드는 것이 중요하다. 하고 싶은 일 대신 반드시 해야 할 일들로 하루를 채워보는 것은 어떨까? 나의 행동에 조건과 보상을 걸어보는 것도 좋다. 이때 너무 과한 목표를 세우거나 급작스런 행동을 계획하면 더욱 행동에 제약이 걸릴 수 있다. 실천으로 가기까지 가장 작은 실행들로 습관을 만들어 가야 한다. 처음엔 나만의 페이스대로 아주 천천히 움직여 보도록 한다. 페달을 아주 천천히 굴리되 꾸준히 유지하다 보면 어느 순간 가속도가 붙어 스스로의 힘으로 굴러가는 시기가 온다. 그때까지 반복하는 것이 훈련의 목표다.

실행의 특이점까지 간다

••••

사업 초기에는 두 다리의 힘을 많이 써야 한다. 계속 부딪히고 배우면서 깨닫고 해결해나갈 수 있다. 다리를 이용해 사방으로 뛰면서 배워가는 시간이 절대적으로 많이 필요하다. 사업의 기초체력이 생기면 점점 머리를 쓰는 시간을 키운다. 다리로 할 수 있는 일들은 위임할 수 있다. 하지만 머리로 하는 생각은 위임할 수 없다. 더 나은 성공 패턴으로 나아가나는 길은 다리에서 시작해 머리로 향하는 것이다.

머리로만 삶을 배운 사람들은 결실이 없다. 추운 겨울이 오면 베짱이처럼 집 없는 신세가 된다. 개미는 평소에 자신의 다리를 이용해 겨우내 먹을 충분한 먹이를 저장해둔다. 만약 개미가 두 다리로 재빨리 움직이지 않았다면 추운 겨울 따뜻하게 지낼 집은 만들어지지 않았을 것이다.

머리로만 아는 것은 베짱이의 삶이고 다리로 사는 삶은 개미의 삶이다. 우리는 머리와 다리가 번갈아가며 일하는 패턴을 만들어야 한다. 그럴 때 좋은 실행의 기준은 생각하는 사람처럼 행동하고 행동하는 사람처럼 생각하는 것이다. 머리는 다리의 입장이 되어보고, 다리는 머리의 입장이 되어본다. 역지사지의 마음으로 머리와 다리가 하이브리드 조화를 이뤄 최고의 시너지를 일으키는 것이다.

머리의 역할과 두 다리의 역할이 잘 행해지면 다음으로는 실행의 특이점을 향해 가야 한다. 실행의 특이점이란 내가 특별히 노력하지 않아도 자동화처럼 이뤄지는 단계를 말한다. 인간은 습관의 동물이기 때문에 의식적 노력에서 무의식적 노력의 영역까지 갈 수 있다. 어떤 상황에 부딪혔을 때 두 다리로 달려야 할 상황인지, 머리로 심사숙고하고 결정해야 할 상황인지를 알 수 있을 때까지 충분히 경험을 쌓아가는 것이 중요하다. 이때 필요한 것은 앎(Knowing)과 실천(Doing)의 기준이다. 어디까지 알아야 하는가? 그리고 어디까지 실행해야 하는가? 이것 역시 선택의 문제다. 이런 일련의 선택들이 직감에 의해 스스로 결정될 수 있을 때까지 우리는 노잉과 두잉의 갭을 줄여나가야 한다.

머리와 다리는 한 끗 차이지만 이 한 끗의 갭을 완벽하게 제로로 만들어내는 사람에겐 '넘사벽'이라는 단어가 따라 붙게 된다. 다리로는 신속을, 머리로는 신박함을 추구하자.

계획보다 미루거나 미리 하거나

네 번의 시도와 실패 끝에 만들어진 독서모임

••••

나는 2년 반째 매주 토요일 아침 7시에 독서모임을 운영하고 있다. 처음 독서모임을 해보자는 제안이 들어왔을 때 마음속에 갈등이 생겼다. '내가 운영할 능력이 될까?' 하는 의심이 들어 거절하고 싶었다. 다른 한편으로는 완전 좋은 기회라는 생각과 함께 당장 시작하고 싶은 마음도 들었다. 두 마음 중 어떤 것을 선택했을까? 당연히 기회를 잡고 당장 시도해보기로 했다.

처음엔 소수의 사람들과 함께했다. 점점 시간이 쌓이다 보니 독서에 관심 있는 많은 사람이 소개받거나 인터넷 검색을 통해 찾아왔다. 170회가 넘어간 현재는 온라인과 오프라인 동시 진행으로 많은 분들이 함께해주신다.

독서모임을 꾸준히 이어갈 수 있었던 비결은 앞서 네 번의 실패가 존재했기 때문이다. 나는 책을 혼자 읽는 것에서 그치지 않고 읽은 것을 나누는 것까지 즉시 실행했다.

처음 만든 것은 가족 독서모임이었다. 4~5회차까지 잘 진행되다가 서로 주말이 바쁘다는 핑계로 한두 회차 미루었더니 자연스럽게 가족 독서모임을 더 이상 진행할 수 없게 되었다.

두 번째는 내가 직장에 다닐 때 만든 것이다. 서울에 계셨던 분이 직접 인천까지 내려오셔서 독서모임을 진행해주셨지만 물리적 거리가 상당했고, 도서 선정이 잘 맞지 않아 중간에 그만두게 되었다.

세 번째는 유아 교사로 근무하던 시절 우리 반 학부모님들과 함께 만든 독서모임이었다. 그런데 독서가 모두 처음이시다 보니 토론이 자꾸 산으로 갔다. 나의 성장과 발전에 관한 이야기가 아닌 시댁 이야기, 남편 이야기, 자녀 이야기로 흘렀다. 결국 남 이야기만 실컷 나누고 흐지부지되었다.

네 번째 독서모임은 하브루타 교육에 가서 인연이 된 선생님 가족과 함께하는 독서모임이었다. 깊게 독서한 후 서로 질문하고 대화를 나누며 알아가는 시간들이 신선했지만, 선생님의 잦은 야근과 이사로 몇 달 후 자연스레 파했다.

힘겹게 다섯 번째 독서모임을 만든 것이 현재 운영 중인 송도나비다. 앞서 네 번의 독서모임을 만들어보고, 실행하며 실패도 맛보았던 것이 송도나비를 운영하는 데 큰 자산이 되었다. 이른

바 기초 체력이 탄탄해진 것이다. 만약 내가 독서모임이 중요하다는 사실을 알면서도 만들어보고 운영해보지 않았다면 독서모임을 만드는 것과 유지하는 것이 예상보다 어렵다는 사실을 몰랐을 것이다. 만약 네 번의 독서모임 실패를 경험해보지 않았다면 현재 운영하고 있는 독서모임에서 내공을 발휘하지 못한 채 금방 사라졌을 것이다. 진짜 살아 있는 지식은 경험과 현장에만 존재한다.

지금 나는 여섯 번째 새로운 독서모임을 기획하고 있다. 지금까지 쌓아온 경험과 노하우로 여섯 번째 독서모임 역시 더 업그레이드해서 운영해볼 것이다.

실행 스위치를 Turn on!

····

독서모임에 오시는 분들 중 과거에 내가 얼마나 잘나갔는지 알려주기 위해 일장연설을 늘어놓는 분들이 종종 있다. 몇 십 년은 거슬러 올라가 감정적 추억에 빠져들어 과거를 회상한다. 과거를 이야기 하시는 분들치고 치열하게 살아오지 않으신 분은 없었다. 그런데 중요한 것은 그 열정의 스위치가 어느 순간 꺼진다는 것이다. 꺼진 스위치는 더 이상 불이 들어오지 않는다. 그때부터는 스위치가 켜져 있던 순간들만 그리워할 뿐이다. 자신이 느끼기에 행동보다 말이 많아진 것 같다면 실행 스위치가 꺼져있는지 점검해야 한다.

실행 스위치가 꺼져있다는 말은 나를 점점 뚱뚱하게 만든다. 핑곗거리를 꾸역꾸역 먹는 것이다. 나이가 많다, 할 일이 많다, 가정형편이 안 된다, 여유가 없다 등등 핑곗거리는 먹으면 먹을수록 또다시 눈앞에 나타나는 특징을 지닌다.

그뿐만 아니다. 당위성을 먹으며 내 생각들을 부패시킨다. 시간은 많으니 천천히 해도 괜찮다는 당위성, 내가 아니더라고 누군가 해줄 거라는 안일한 당위성, 이번 한 번 쯤은 미뤄도 괜찮을 거라는 게으른 당위성들을 열심히 먹고 있다. 뚱뚱한 애벌레가 되는 건 순식간이다. 단 몇 개의 핑곗거리들과 당위성만 찾아낸다면 말이다. 거울에 비친 나의 내면상태는 뚱뚱한가? 날씬한가? 다시 실행모드 스위치에 불을 켜야 한다.

반갑게도 스위치는 단번에 켤 수 있다. 그러나 스위치를 켠다고 다 되는 것이 아니다. 그 불빛이 꺼지지 않게 유지하는 것이 훨씬 더 중요하다.

당신에게 묻고 싶은 질문이 있다.

"앞으로 10년 안에 이루고 싶은 일 중 가장 하고 싶은 것은 무엇인가? 그 일을 완수하기 위해 얼마의 기간이 필요한가? 5년? 7년?"

똑같은 질문을 팀 페리스가 했다. 타이탄(성공자)이 말했다.

만일 당신이 무엇인가에 도달하는 데 10년이 걸리는 계획을 갖고 있다면, 당신은 다음의 질문을 스스로 던져야 한다.

"아니, 왜 이걸 6개월 안에 해낼 수 없는 거지?"

- 팀 페리스, 《타이탄의 도구들》, 토네이도, 2017, p.12

나는 지금 두 번째 책을 쓰고 있다. 보통 책 한 권을 완성하는데 얼마의 기간이 필요할 것 같은가? 첫 책은 6개월이 걸렸다. 두 번째 책은 한 달하고 열흘이 걸렸다. 놀라운가? '책 쓰는 것은 오랜 기간이 필요해'라고 말하는 뚱뚱한 애벌레의 당위성을 바꿨을 뿐이다. 책은 오래 쓰는 것이 중요한 것이 아니라 잘 쓰는 것이 중요하다. 나는 '미루기'와 '미리하기' 중 후자와 친구가 되었을 뿐이다.

나는 토론과 비판만을 좋아하는 공상가가 아니다. 직접 부딪혀보고 실력을 쌓아가는 실행가다. 뚱뚱한 애벌레가 되는 것을 경계한다. 부자에 관한 책들 중에서 행동하지 말라고 이야기한 책은 단 한 권도 없었다. 심지어 기회가 오면 가장 먼저 재빠르게 뛰어들어 기회를 잡으라고 말한다. 수영을 지식만으로 배울 수 없듯 행동이 수반되지 않는 지식은 죽은 지식이다. 반쪽자리 어설픈 이론의 지식인이 좋은가? 행동하면서 성과를 이뤄가는 실행가가 좋은가?

회사 고객 중 한 분이 질문을 했다. "저는 아직 저자가 될 만큼 이 분야 전문가가 아닌데 얼마나 더 공부하고 시간이 지나야 전문가다운 책을 쓸 수 있을까요? 천 권쯤 읽고 써야 그나마 좋은 책이 나오겠죠?"

책을 써서 전문가가 되는 것일까, 전문가가 되어서 책을 쓰는 것일까? 어느 쪽이든 맞다. 다만 시간이 지날수록 인풋만 하는 사람보다 가르치며 성장하는 사람이 압도적으로 뛰어난 역량을 지니게 될 것은 분명하다.

실행 스위치를 유지시키려면 행동할 수밖에 없는 트리거 장치를 만들어 두는 것이 중요하다. 어떤 트리거를 사용할 수 있을까? 먼저 어떤 것을 도전할 때 스스로 최대한 짧은 데드라인을 정해두어야 한다. 그리고 꼭 그것을 이루어야만 하는 이유를 찾아내야 한다. 그리고 되도록 자신과의 약속을 지키기 위해 그 일을 우선순위에 두어야 한다. 세상에서 가장 신용도가 높은 사람은 자신과의 약속을 반드시 지켜내는 사람이다. 미루는 사람, 미리 하는 사람 선택은 내 손에 달렸다.

기회의 선점은 인생 가속도에서 나온다

가속도의 법칙

••••

행동이 빠른 것을 좋아하는 사람이 있는 반면 여유롭게 행동하는 것을 좋아하는 사람도 있다. 나는 인생이 길다고 생각하지 않기 때문에 여유를 즐기는 대신 빠른 변화를 더 좋아한다. 어떤 사람은 행동을 빨리 하면 실수가 잦다고 말한다. 하지만 너무 느려서 타이밍을 놓치는 것보다는 빠른 실행이 더 낫다. 여유를 부리다 기회를 놓치는 것과 행동하다가 실수를 하는 것은 완전히 다른 문제다.

나는 빠른 실행이야말로 지금 시대에 가장 필요한 능력이라고 생각한다. 바다에서 유속이 바뀔 때 급물살로 변한다. 세상이 급속한 변화구 때문에 급물살을 타고 있다. 이때 재빠르게 실행하거나 변화하지 않으면 순식간에 물살에 쓸려 떠내려간다. 세상이 변화되고 있는 시점에 재빠르게 나를 변화시키는 사람은 어떤 환경에서도 적응 능력이 충분할 것이다.

우리에게 주어진 시간은 유한하다. 그리고 성공으로 가는 길에는 지름길이 없다. 그래서 우리는 여유부리며 갈 수 없다. 자본주의 시장에서 건전한 경쟁은 필수적이며, 돈은 기회를 잡은 자에게 오는 것이다. 성공하고 싶다면 인생의 방향과 속도를 결정해야만 한다. 돈을 버는 사람들은 적당한 속도로 달리는 사람이 아니다. 전속력으로 질주해야 할 때 시속 200킬로미터로 달릴 수 있는 사람들이다.

빠른 실행을 하는 사람들은 어떤 특징이 있을까? 인생 가속도가 빠른 사람들은 망설임이 없다. 인생은 '모 아니면 도'라는 마음으로 전진한다. 아무 생각 없이 전진만 하는 것은 아니다. 인생에 급한 일과 중요한 일이 있다. 빠른 실행을 해내는 사람은 급한 일 대신 중요한 일을 선택하는 사람이다. 중요한 일을 손에 넣으면 절대 놓치지 않고 목표를 향해 집요하게 달려간다. 원하는 결과에 도달할 때까지 쉬지 않고 실행해나간다. 그 덕분에 인생 가속도가 빠른 사람들은 원하는 것도 얻고 매년 새로운 모습으로 업그레이드된다. 즉 볼 때마다 새로운 사람이 되는 것이다.

또한 빠른 실행을 하는 사람들은 일상을 낭비하지 않는다. 일상의 여유 대신 자신의 욕구에 집중한다. 욕구는 또 다른 실행을 부른다. 가속도가 붙으면 뒤도 돌아보지 않고 오로지 결과만을 향해 돌진한다. 덕분에 가장 좋은 것을 가장 빨리 얻을 수 있다.

나는 첫 사업을 시작하고 매년 다른 목표를 설정해 달려왔다. 내가 이룬 목표들을 몇 가지 공유한다.

- 독서모임 170회 이상 진행
- 사업 매출 10배 확장
- 돈 버는 능력 10배 확장
- 독서 3,000권 독파
- 저서 두 권 완성
- 전자책 출간
- 매년 행동력 코치 및 라이프 인플루언서 50여 명 배출

수치화된 목표는 위와 같지만 수치화되지 않은 것까지 합하면 더 많은 것을 이루고 있는 중이다. 지금 이 글을 쓰고 있는 컴퓨터 바로 옆에도 이뤄야 할 목표 열 가지가 벽에 붙어 있다.

빠른 실행의 목적과 목표

••••

나는 철저한 실행주의자다. 지금과 같은 모든 기회의 문이 열린 세상에서 빠른 실행으로 기회를 잡는 사람이 진정한 능력자다. 과거에 기회가 더 많이 존재했다고 말하는 사람들도 있다.

하지만 나는 지금이 훨씬 더 많은 기회를 내포하고 있다고 생각한다. 과거에도 그랬고, 지금도 그랬고 기회를 붙잡는 사람은 실행하는 사람이라는 사실에 변함이 없다.

사람마다 가치관과 사고방식이 다르기 때문에 여유를 즐기는 것에 관심을 많이 두는 사람이 있고, 나처럼 빠른 실행으로 목표를 향해 전진해나가는 것을 더 좋아하는 사람이 있다. 누가 정답이라고는 말할 수 없다. 여유를 즐기는 중에도 기회는 찾을 수 있을 것이다. 하지만 나는 기회를 잡는 사람 우위에 기회를 선점하는 사람이 있다고 믿는다. 선점한다는 것은 내가 가진 기회의 영역을 유일한 영역으로 만들 수 있다는 말이다. 구글, 아마존은 기회를 잡은 것 이상으로 선점의 영역에 놓인 기업들이다. 제대로 된 빠른 실행의 목표는 선점하는 것이다.

선점의 영역까지 가려면 페이스 조절이 중요하다. 완만한 곳과 가파른 곳을 이동하는 속도는 다르다. 인생은 마라톤이므로 속도 조절 능력이 필수다.

나만의 속도로 꾸준히 달려갈 수 있는 방법은 무엇일까? 가장 중요한 것은 세상의 페이스가 아닌 나만의 속력을 익히는 것이다. 내가 50킬로미터의 속력 유지가 가능하다면 다음에는 55킬로미터의 속력으로 높여본다. 다음은 60킬로미터로 높여본다. 조금씩 나만의 속력을 높이다 보면 인생 최대치 속력에 다다르는 시간이 더 빨라진다. 이때 세상의 기준에 속지 않아야 한다.

세상은 트렌드라는 말로 기준을 내세운다. 하지만 빠르게 실행해나가는 사람은 트렌드에 물들지 않는다. 오로지 나만의 페이스대로 밟아나간다. 인생의 가속도를 잘 유지해나가는 사람들은 결정도 빠르다. 그래서 남이 만들어놓은 페이스에 휘말리지 않는 것이다.

마지막으로 인생 가속도를 높일 때 나의 실력도 함께 갖춰 나가야 한다. 인생에서 언덕을 마주했을 때는 온 힘을 다해 오를 수 있어야 한다. 이때 기본실력이 없으면 끝까지 올라갈 여유가 없다. 그래서 빠른 실행을 하는 사람들은 평소 자신의 실력을 고정시켜 두지 않고 지속 성장시킨다. 고정 마인드셋에서 탈피해 성장 마인드셋을 갖춘 사람이 진정한 빠른 실행가다. 지금도 많은 사람이 자신의 속도대로 달리고 있다.

어떤 사람은 20킬로미터로 달리며 주위의 변화에 관심을 가진다. 어떤 사람들은 80킬로미터로 달리며 자신의 속도를 즐긴다. 어떤 사람들은 150킬로미터 이상으로 달리며 기회를 잡고 선점한다. 이 세 부류의 사람 중 자본주의 인생 게임을 가장 잘 이해하고 있는 사람은 누구일까? 아무도 자신의 속도를 바꾸라고 채찍질하지 않는다. 인생을 달리는 속도는 오직 나만이 정할 수 있다. 주머니 사정이 변변치 않다면 지금 전속력을 다해 달릴 준비를 해야 한다. 가벼운 주머니에 무한한 기회들을 채워넣어야 한다.

탁월한 사람이 되어 진입장벽을 높여라

돈을 외면하면 생기는 일

····

요즘 즐겨보는 프로그램 중 〈무엇이든 물어보살〉이라는 프로그램이 있다. 그곳에 나오는 사람들은 모두 '프로 고민러'들이다. 자신만의 고민을 해결하고 싶어서 문을 두드린다. 예전부터 고민을 상담하는 TV 프로그램들은 항상 인기가 있었다. 그것이 TV 속이든, 현실이든 고민상담하는 곳에는 언제나 발길이 끊이지 않는다. 인터넷 검색 상위 순위에는 '오늘의 운세'가 있다. 스스로 행복하다고 말하는 사람도 깊은 내면을 보면 누구에게나 고민은 있다.

〈무엇이든 물어보살〉 팬인 나는 어느 날 유튜브에 업데이트된 고민 사연들을 정주행했다. 태어날 때부터 주어진 외모 고민, 불치병에 대한 고민을 제외하면 거의 비슷한 패턴이 존재한다는 것을 알게 되었다. 각자 고민의 형태는 달랐지만 그 고민의 근원은 돈에서부터 시작된 것이다. 돈 때문에 우정이 갈라지고, 돈 때문에 부부 사이가 냉랭해진다. 돈 때문에 가족 간에 원망이 생긴다. 돈은 남녀노소를 가리지 않고 최소한의 행복조차 앗아간다.

돈이 중요하지 않다고 말하는 사람들은 역설적이게도 돈 때문에 다시 문제가 발생한다. 돈이 최고의 가치일 필요는 없지만 돈이 없으면 많은 부분을 놓치거나 깨뜨릴 수 있다는 것을 알아야 한다. 나도 돈이 나의 우선순위 안에 없을 때는 돈이 중요하지 않다고 생각하며 살았다. 내 기준으로 볼 때 세상에는 돈보다 중요한 것이 훨씬 더 많은 것 같았다. 실제로 세상에는 돈보다 상위가치를 가진 것들이 많다. 그러나 돈보다 우위에 있는 가치들을 더욱 가치 있게 만드는 것이 바로 돈이다.

돈이 중요하지 않다고 돈을 터부시하면 나도 돈으로부터 똑같은 대접을 받는 상황이 찾아온다. 나는 돈을 중시하지 않아서 돈으로부터 철저히 외면당했고, 돈보다 중요한 가치들 근처에는 가보지도 못한 채 오랜 시간을 견뎌야 했다.

돈이란 무엇인가

••••

돈은 종이로 만든 지폐다. 그러나 그 작은 지폐 안에 나의 자아가 투영된다. 돈에는 '나'라는 사람이 가진 생각과 가치관이 그대로 묻어난다. 내가 얼마만큼의 가치를 투영하느냐에 따라 돈의 가치가 달라진다.

예전의 나는 돈이 있으면 좋은 것, 없으면 없는 대로 괜찮은 것이었다. 지금 나에게 돈이란 무엇이라고 물으면 돈은 나에게 공기다. 공기는 육체적 생명을 유지하기 위해 숨 쉴 때 반드시 필요하다. 공기는 어디에나 존재한다. 돈도 마찬가지다. 돈은 우리 삶을 이어나가는 생존 수단이며 돈은 어디에나 있다.

그러나 돈과 공기의 유일한 차이점이 있다. 공기는 어느 누구나 누릴 수 있지만 돈은 누구나 가질 수 있는 것은 아니다. 돈은 좋아하는 사람에게만 보이고 선택하는 사람만 누릴 수 있다. 겉치레로 돈을 좋아하는 사람은 일시적으로 돈을 가질 수는 있지만 지속적으로 가질 수 없다. 내면에 자본주의 의식이 차 있지 않으면 돈은 언제든 우리의 손을 떠날 준비를 한다.

돈의 소중함을 모르는 사람에게 돈은 끊임없이 멀어지는 상황을 만든다. 경기 불황으로 어느 날 갑자기 직장 해고 통지서가 날아와 돈줄이 끊기는 날이 찾아온다. 가족 중 건강이 좋지 않은 한 사람이 있다면 건강 악화로 큰돈을 병원비로 지불해야 하는 상황에 놓인다. 자녀에게 가르치고 싶은 교육들이 늘어나면서 교육비 지출이 점점 늘어난다. 새로운 사업을 고민할 때 큰돈을 마련해야 하는 상황이 생긴다.

아무리 멘탈이 좋은 사람이라도 갑자기 목돈이 필요한 상황이 찾아오거나, 들어오는 돈이 줄어들게 되면 예민해질 수밖에 없다. 공기가 사라지면 숨을 못 쉬는 것과 같은 이치다.

돈은 선택이 아닌 생존 필수재다. 필수재를 굳이 멀리할 필요는 없다. 오히려 많으면 많을수록 좋아해야 한다. 인생 필수재인 돈을 가까이하려면 어떻게 해야 할까? 내가 돈을 찾아다니는 삶은 한계가 있다. 돈이 나에게 따라붙는 삶이 더 매력적인 삶이다. 다음은 내가 좋아하는 긍정문 중 하나다.

"나는 돈이 붙는 자석이다."

스스로의 가치를 증명할 수 있는가

••••

내가 돈이 붙는 자석이 되는 방법을 알고 있으면 돈은 나와 친숙한 존재가 되고, 내 그릇 안에 머무르게 된다. 현재까지 내가 깨달은 돈이 붙는 사람들은 스스로의 가치를 높인 사람들이었다. 돈은 가치를 따라 이동하는 가치 교환 수단이다. 내가 지불하는 것 이상의 가치를 지녀야만 의미 있는 지출을 했다고 느낀다. 눈에 보이지 않는 가치를 높일 수 있는 사람은 스스로 돈이 따르게 만들 수 있는 능력을 가진 사람이다. 어떻게 가치를 높일 수 있을까?

첫째, 자신의 신용을 관리해야 한다.

둘째, 아낌없이 나눠야 한다.

셋째, 미래의 가치가 흐르는 방향대로 나의 가치를 지속해서 변화하고 높여야 한다.

다시 말해 최고가 되는 것이 아니라 유일한 존재가 되기 위해 가치를 만들어내야 한다. 가치는 모든 교환 수단의 기준이 된다. 사업을 할 때도 고부가가치를 만들어내는 사업이 오래간다. 사업에 투자를 하는 전문 투자가들은 투자 전, 그 회사의 숨은 가치를 먼저 찾아내 투자 가격을 책정한다.

나는 얼마의 가치를 지닌 사람인가? '나'라는 인격체가 가진 가치를 찾아내지 못하면 결국 다른 사람도 나의 가치를 알아봐주지 못한다. 내가 직장인이었을 때는 나는 그 회사에 소속된 가치만큼만 하는 사람이었다. 특별한 가치를 서둘러 찾지 않아도 일정 기간이 흐르면 월급이 나왔다. 하지만 사업 후에는 이야기가 달라진다. 스스로 돈 벌 능력을 갖추지 못하면 가치를 찾기는 커녕 생존의 위협까지 받는다.

지금 당장 가치를 모른다면 어떻게 해서든 사람들이 돈을 지불해도 아깝지 않을 만한 가치를 찾아 개선해나가야 한다. 돈이 가치를 기반으로 움직인다는 사실을 안다면 스스로 가치를 만들어내는 환경을 먼저 만들어야 한다. 돈이란 결국 인간이 만든 가치 교환 수단, 그 이상도 이하도 아니다. 스스로의 가치를 증명해내면 돈은 나를 향해 흘러들어올 것이다.

부자들만 아는 시간을 소유하는 법

돈보다 이것을 사랑하는 사람이 이긴다

••••

며칠 전 집 앞에 치킨집이 오픈했다. 벌써 네 번째 치킨집이다. 근거리에서 4개의 치킨집이 서로 경쟁하고 있다. 치킨의 가격은 점점 더 낮아지고 있다. 새로 오픈한 곳의 치킨 값은 한 마리에 7,000원이다. 가장 큰 타격을 입은 곳은 맨 처음 오픈한 치킨집이다. 그 치킨집의 치킨 가격은 18,000원이다. 가격이 두 배 이상 싸다. 그래서일까? 치킨집이 오픈할 때마다 진풍경이 펼쳐진다. 끝도 모를 정도로 길게 늘어선 치킨집 앞에 대기 줄이 길게 늘어서 있다. 대략 눈으로만 세어 봐도 50명은 넘는 것 같다. 그들은 치킨을 사랑해서 대기 줄을 길게 늘어선 것일까? 아니다. 그들이 사랑하는 것은 돈이다. 오픈한 날 치킨집은 50퍼센트 할인 판매 전략을 펼쳤다. 파격적인 가격에 갑자기 치킨 수요자가 늘었다. 주변에 주문하면 바로 먹을 수 있는 가게들을 두고 긴 대기 줄을 마다하지 않고 그곳에 사람들이 몰린 것은 돈을 아끼기 위해서였을 것이다.

돈은 아끼면 좋다. 그래서 나는 절대 오픈한 가게에는 가지 않는다. 무슨 말일까? 돈보다 우위에 있는 시간을 더 소중히 생각하기 때문에 대기 줄은 서지 않는다는 것이다. 나는 오픈한 치킨집 옆집에 가서 가족과 먹을 치킨을 주문했다. 마침 손님을 빼앗긴터라 사장님은 온 정성을 다해 치킨을 튀겨주셨다. 방문해줘서 감사하다며 사이드 메뉴까지 서비스로 주셨다. 오픈한 치킨집에 가지 않은 덕분에 사장님으로부터 최고의 서비스도 받고, 무엇보다 내가 가장 사랑하고 아끼는 시간까지 절약할 수 있었다.

만약 나도 대기 줄에 서 있었더라면 1시간은 거뜬히 허비했을 것이다. 마치 한 시간을 벌어 온 느낌이다. 한 시간 동안 남편, 아이들과 맛있게 치킨을 먹으며 주말 일정도 짜고, 집도 청소하고, 전화로 중요 미팅도 잡았다. 돈을 아끼는 것보다 시간을 버는 것이 훨씬 더 중요하다.

돈은 눈에 보인다. 그런데 시간은 눈에 보이지 않는다. 돈은 관리의 필요성을 느끼면서 시간은 무한하다고 생각해서인지 관리에 소홀하다. 시간이야말로 내 자산을 가장 크게 부풀려 줄 수 있는 가장 중요한 자원인데 말이다.

중요한 일을 가장 먼저 하라

••••

시간의 중요성을 알기 위해서는 시간의 가격을 알아야 한다. 시간은 누구에게나 흐른다. 다만 그 시간의 가격이 다를 뿐이다. 워런 버핏의 1시간은 54억 원이다(2019년 트론의 저스틴 선 대표는 워런 버핏과의 점심식사에 약 456만 7888달러를 지불했다). 편의점 아르바이트생에겐 2021년 기준 1시간이 8,720원이다. 직장인은 월급을 시간의 단위로 쪼개보면 된다. 사업가는 매출을 나눠보면 된다. 내 시간의 가격은 얼마인가? 이것을 모르면 시간을 관리할 수 없다.

내가 무일푼에서 돈 버는 능력을 10배 키울 수 있었던 가장 큰 이유는 바로 이 시간을 스스로 통제하고 관리했기 때문이다. 시간을 통제하고 관리하는 이유는 시간의 가격을 높이기 위해서다. 시간의 가격을 높일 수 있는 가장 큰 목표는 경제적, 시간적 자유를 실현시키는 것이다. 나는 다섯 번째 치킨집이 오픈하더라도 똑같은 선택을 해서 시간을 벌겠다. 남과 다르게 시간을 사용하겠다.

시간의 주인으로 사는 법은 무엇인가? 주어진 시간을 설계할 줄 알아야 한다. 스스로 나의 하루를 설계하는 사람은 항상 이렇게 질문한다.

"나에게 주어진 것들 중 가장 중요한 일은 무엇인가?"

중요한 일, 중요한 일, 중요한 일, 아무리 강조해도 부족하다.

중요한 일을 끊임없이 찾아서 실행해야 한다. 중요한 일의 기준은 내 삶을 한 단계 업그레이드하는 일이다. 남을 위한 일보다 나를 위한 일이어야 한다. 그렇게 꾸준히 쌓아가다 보면 그 일이 결국 남을 위한 일로 바뀔 것이다.

지금 가장 중요한 일은 무엇인가? 나는 이 책을 완성하는 것이다. 그래서 하루 중 가장 많은 시간을 책을 쓰는 데 투입한다. 내가 투입한 일과 시간이 쌓여 내 삶을 바꿔간다면 시간의 주인으로 살아가고 있는 것이다. 만약 나의 하루가 내가 원하는 중요한 일이 아닌 급하게 처리해야 할 일들로 인해 지나가고 있다면 시간의 주인이 되기 어렵다. 시간의 주인은 시간의 외부 변수들을 스스로 통제하고 나에게 필요한 가장 중요한 일을 먼저 해내는 사람이다.

시간에 색을 입힌다는 것

••••

시간은 사차원이다. 사차원은 보이지 않아서 관리할 수 없다. 사차원적인 시간을 관리하기 위해서는 시간을 일차원으로 만들어야 한다. 어떻게 만들 수 있을까? 시간의 가계부를 그려보면 된다. 시공간을 지면으로 끌어와서 기록해보는 것이다. 나는 6년 째 내 시간을 관리하고 있다. 시간의 가계부에 나의 시간을 누적시키고, 다르게 사용하기 위해 시간을 공부한다. 내 몸값을

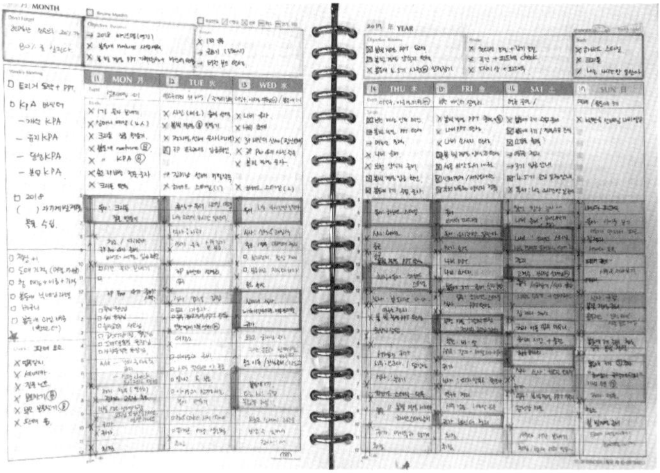

박서윤의 시간 관리

높이려면 시간의 특징을 알고 시간을 경영해야 한다.

시간에는 명확한 약점이 있다. 바로 일회용이라는 점이다. 그러나 누적된다. 내가 보내온 시간들을 되돌릴 수 없다고 해서 사라지는 것은 아니다. 시간은 누적되어 결과로 나타난다. 그래서 현재에 충실해야만 하고 시간을 탁월하게 사용하는 법을 알아야만 한다.

시간을 일차원으로 만드는 것은 시간을 보내는 방법에 따라 분류하고 그것을 지면에 표기하면 된다. 나는 시간을 보내는 방법에 따라 다섯가지로 나눈다. 주업무, 보조업무, 개인일정, 네트워크, 자기계발이 나의 주요 시간 관리 메인 골자다. 다섯 가지 시간을 골고루 보내기 위해 노력하지만 가끔 시간의 불균형이 필요할 때는 과감하게 불균형한 시간을 만든다. 나만의 프로젝트를 완성하거나 사업이 리뉴얼되는 시기는 시간의 불균형이 필요한 시간이다. 지금 나는 책 쓰는 프로젝트로 인해 시간의 불균형을 보내는 중이다. 가장 우선순위가 많은 시간을 차지할 때마다 기쁘다. 나는 시간을 점점 더 비싸게 만들 것이다. 적어도 7,777억 원의 순자산이 쌓일 때까지 시간을 관리해나갈 것이다.

마지막으로 시간 관리에서 가장 중요한 것은 아이러니하게도 '휴식'이다. 우리는 에너지가 항상 꽉 차 있는 기계가 아니다. 우리의 에너지는 소모된다. 그러므로 좀 더 효율적인 시간을 위해 재충전이 필요하다. 충전할 시간을 꼭 관리하지 않으면 더 많은 시간을 건강을 회복하는데 보내야 할지 모른다. 결국 시간 관리의 핵심은 '얼마나 중요한 일을 하면서 적절히 휴식을 취하는가'에 달렸다. 오늘 당신의 시간의 가격은 얼마인가?

지식의 늪에 빠진 당신을 위한 처방전

당신의 서재에는 무엇이 꽂혀 있나

····

예전에는 내 눈에 절대 들어오지 않았을 한 곳이 있다. 요즘은 어딜 가든 이곳만 먼저 찾아보게 된다. 이곳에 채워진 것들을 보면 그 사람의 관심사나 취향, 생각을 간접적으로 느낄 수 있게 된다. 이곳은 어디일까? 바로 서재다.

'환경의 법칙'이란 것이 존재한다. 내가 원하는 성장 환경에 나 스스로를 몰아넣을수록 의도적 성장이 일어난다는 법칙이다. 서재는 나라는 존재를 보여주는 지도다. 세상은 서재에 숨어 있는 지식과 지혜를 갖추고 실행하는 사람들에 의해 지배된다. 누구든 성공하고자 한다면 독서 습관을 가져 나의 서재에 꽂힌 책들이 인테리어 역할로 끝내지 않고, 나의 지적 실력을 높여주는 장치로 활용할 줄 알아야 한다.

그토록 독서가 중요하다는 사실을 알면서도 독서를 실행하는 사람은 적다. 그러나 독서의 진정한 묘미를 모르고서는 성공의 사다리에 오를 수 없다. 독서는 나의 좁은 시야와 세상을 한 차원 높은 곳으로 견인한다. 독서는 내가 원하는 성공의 꼭짓점에 도달하게 하는 원동력이다. 나의 가치가 현재 바닥에 있든지, 하늘에 떠 있든지 성공 요소를 끄집어내도록 돕고 삶을 채운다. 다독을 무시할 수 없는 이유다.

다독의 양은 당신의 가치를 높이는 것과 비례한다. 수치는 속임이 없다. 때론 수치가 전부일 수 있다. 오히려 꾸준하고 치열하게 읽어내려간 당신의 독서량은 내공의 돌을 닦는 반전의 시간이 될 것이다. 인생 반전이라니 얼마나 짜릿한 이야기인가. 독서의 최대 반전은 양이 질로 바뀌는 순간이다. 성공이 눈에 보이지 않을수록 양적 독서가 질적 독서로 변할 때까지 치열하게 독서의 돌다리를 두드려야 한다.

키워드 독서와 아웃풋

····

꿈을 이루기 위해 목표 설정이 중요하다고 말한다. 독서에도 목표가 있어야 하지 않을까? 나의 독서 목표는 지식을 채우는 것이 아니다. 책을 읽는 것보다 중요한 것은 책에 있는 내용을 실천해서 현재 내 문제를 해결하고 탁월한 결과를 이끌어내는 것이다. 책을 아는 것보다 책을 '써먹는 것'이 훨씬 더 중요하다. 인생의 거대한 문제들이 갑자기 들이닥쳐서 나약해질 때마다 나는 책을 펼쳤다. 약 3,000권 가까이 되는 책들을 읽으며 독서로 문제를 해결하기까지 나만의 독서 노하우가 만들어졌다.

그중 하나는 '키워드 독서'다. 인생의 많은 문제는 대부분 배움으로 해결할 수 있다. 배우는 것에서 특히 중요하게 여겨야 할 것은 기초를 탄탄히 다지는 것이다. 나는 기초를 채우는 기준을 33권으로 정했다. 내가 기초를 쌓고 싶은 분야의 키워드를 한 가지 정해 쉬운 책이든, 어려운 책이든 가리지 않고 33권 내외를 읽어보는 것이다. 33권 정도 같은 분야 책을 읽다 보면 기초지식의 임계점을 뛰어넘는다. 임계점을 넘으면 기초지식이 쌓여 생각의 그물망에 걸리고 그것을 내 삶으로 끌어들일 수 있다. 내 삶에 하나씩 적용해서 삶을 바꾸어내면 되는 것이다.

같은 분야의 책 30여 권 읽어 내려가는 동안 나에게는 그 분야 지식의 패턴이 쌓인다. 다시 말해 문제를 해결해낼 수 있는 방향이 보이고 그것을 선택하고 실행하는 능력까지 배양되는 것이다. 지금 나의 문제를 해결해줄 단 하나의 키워드는 무엇인가? 먼저 키워드를 찾는 것부터 접근해보자.

다음에서 소개하는 33권은 돈 버는 능력을 10배 키우는 데 도움이 될 만한 책이다.

- 《강점 혁명》, 도널드 틀리프턴, 톰 래스
- 《나는 왜 이 일을 하는가?》, 사이먼 사이넥
- 《논어》, 공자
- 《놓치고 싶지 않은 나의 꿈 나의 인생》, 나폴레온 힐
- 《더 딥 the dip》, 세스 고딘
- 《라이프스타일 비즈니스가 온다》, 최태원
- 《리틀 빅 씽 THE LITTLE BIG THINGS》, 톰 피터스
- 《명심보감》, 추적
- 《무기가 되는 책쓰기》, 조영석
- 《바빌론 부자들의 돈 버는 지혜》, 조지 S. 클래이슨
- 《백만장자 메신저》, 브렌든 버처드
- 《백만장자 시크릿》, 하브 에커
- 《보도 섀퍼의 돈》, 보도 섀퍼
- 《보물지도》, 모치즈키 도시타카
- 《부의 인문학》, 브라운스톤
- 《부자가 되는 과학적 방법》, 월러스 워틀스
- 《사람은 무엇으로 성장하는가》, 존 맥스웰
- 《사업의 철학》, 마이클 거버
- 《생각하는 인문학》, 이지성
- 《성과를 지배하는 바인더의 힘》, 강규형
- 《스탠퍼드는 이렇게 창업한다》, 강환규
- 《알면서도 알지 못하는 것들》, 김승호

- 《언스크립티드》, 엠제이 드마코
- 《열정의 배신》, 칼 뉴포트
- 《완벽한 서비스는 어떻게 탄생되는가》, 리 코커렐
- 《원씽 THE ONE THING》, 게리 켈러, 제이 파파산
- 《자기 암시》, 에밀 쿠에
- 《제로 투 원》, 피터 틸, 블레이크 매스터스
- 《취향을 설계하는 곳, 츠타야》, 마스다 무네아키
- 《타이탄의 도구들》, 팀 페리스
- 《탈무드》, 랍비
- 《플라톤의 대화편》, 플라톤
- 《펑크펭귄》, 빌 비숍

10배 앞서는 아이디어 실행 목록 만들기

••••

다음 노하우는 아이디어 실행법이다. 아이디어 실행은 책이 책으로 남게 하지 않기 위해 활용하는 방식이다. 아무리 좋은 양서도 써먹지 않으면 글자가 적힌 종이에 불과하다. 그 책을 살아 있게 만드는 방법은 실행해보는 것이다. 독서의 목표는 읽기가 아니다. 실행이다.

실행으로 이어지게 돕는 것이 아이디어다. 나는 독서할 때 항상 옆에 종이 한 장을 두고 읽는다. 바로 아이디어 노트로, 책을

읽으며 조금씩 삐져나오는 생각의 파편들을 모아두는 역할을 한다. 아이디어 노트에는 세상을 바꿀만한 거대한 아이디어가 적히는 것이 아니다. 오늘 하루 내 삶을 바꿀만한 작은 아이디어들이 차곡차곡 쌓인다. 아이디어가 꼭 거창할 필요는 없다. 내 삶을 개선해나가는 것만큼 위대한 일을 또 없으니 자신에게 맞게 적으면 된다. 나는 주로 다음과 같은 아이디어들을 적는다.

- 매일 아침 기상 후 즉시 잠자리 정리하기(작은 성공 습관 만들기)
- 매년 11월에는 내년 연간계획 마인드맵 설정 후 완성하기
- 시후(아들)와 함께 일주일에 두 번 보드게임 타임 갖기
- 저체온일 때 따뜻한 물에 반신욕 30분하기
- 미라클 모닝 기상 시간 30분 앞당기기

내 생각 한 가지가 바뀌었어도, 내 행동이 하나 바뀌었어도 독서 성과다. 아이디어의 기준은 나로부터 비롯될 때 의미가 있는 것이다. 개인적 영역이든 업무 영역이든 꿈에 관련된 것이든 책을 한 권씩 읽을 때마다 내 인생을 바꿀 기적의 아이디어 한 장씩 차곡차곡 채워나가라. 내 삶이 10배 앞서는 것은 시간문제일 뿐이다.

성장과 편안함은 공존할 수 없다. 구태의연하지만 편안하고 싶은 마음이 발목을 잡을 때마다 목표를 기억해내자. 목표는 지금보다 돈 버는 능력을 10배 끌어올리는 것이다. 목표를 이루기

위해 목표에서 눈을 떼지 말아야 한다. 내가 100일 동안 읽어야 할 33권의 독서 목록부터 작성해보자. 누구나 인생의 기적을 만드는 기적의 리스트 한 장쯤은 필요하지 않을까?

| 아이디어 노트 예시 |

Action Idea Note

개인: 표기 없음 또는 그린컬러 / **업무**: V 또는 핑크 컬러
즉시 실행: 바로 실행할 아이디어 체크 / **피드백** : 진행중-사선 , 완료-엑스

Date : 2019 / 7 / 2

Page	구분		피드백	Subject(도서명) : 타이탄의 도구들
	즉시실행	개인/업무		
12	○	□	□	2019 연간 계획 마인드맵 그리기
15	○	□	□	봄들애 남다른 디테일 만들기 [매뉴얼 작업, 체크리스트, 문서화 시스템]
24		□	□	매일 아침 기상 후 즉시 잠자리 정리하기 [작은 성공 습관 만들기]
36	○	□	□	오늘 있었던 감사한 일 3가지 기록하기 [감사노트 주 3회] 3개월간 작성
94		□	□	질문 바꾸기 "왜 안돼지?" → "어떻게 할 수 있지?"
108		□	□	문제해결 능력 올리기 [보드게임] 시후와 일주일에 2번 보드게임 하기
154		□	□	10배 크게 생각하기 [목표 : 봄들애 노벨상 1000개, 연구소지사 전국 50개]
154		□	□	피터의 법칙 책 읽어보기
191	○	□	□	매일 한 줄이라도 글쓰기 [글쓰기 소재 출력] 2020년 12월까지 책 출간
240		□	□	#0445 클럽 [미라클 모닝 : 4시 30분 기상 후 매일 독서하기]
294		□	□	온열요법 목욕 : 세로토닌 생성 [3일에 한번 반신욕 또는 족욕]
		□	□	
		□	□	
		□	□	
		□	□	
		□	□	
		□	□	
		□	□	
		□	□	
		□	□	
		□	□	
		□	□	
		□	□	

이 책의 핵심 King pin
(골든 아이디어)

Page	구분		피드백	골든 아이디어 : 이 책에서 꼭 실행해야 할 기적의 아이디어 1가지
	즉시실행	개인/업무		
191	○	□	□	매일 한 줄이라도 글쓰기 [글쓰기 소재 출력] 2020년 12월까지 책 출간

PHIL SPRING

| 나만의 아이디어 노트 |

Action Idea Note

개인: 표기 없음 또는 그린컬러 / **업무**: V 또는 핑크 컬러
즉시 실행: 바로 실행할 아이디어 체크 / **피드백** : 진행중-사선 , 완료-엑스

Date :

Page	구분		피드백	Subject(도서명) :
	즉시실행	개인/업무		
		☐	☐	
		☐	☐	
		☐	☐	
		☐	☐	
		☐	☐	
		☐	☐	
		☐	☐	
		☐	☐	
		☐	☐	
		☐	☐	
		☐	☐	
		☐	☐	
		☐	☐	
		☐	☐	
		☐	☐	
		☐	☐	
		☐	☐	
		☐	☐	
		☐	☐	
		☐	☐	
		☐	☐	
		☐	☐	
		☐	☐	

이 책의 핵심 King pin
(골든 아이디어)

Page	구분		피드백	골든 아이디어 : 이 책에서 꼭 실행해야 할 기적의 아이디어 1가지
	즉시실행	개인/업무		
		☐	☐	

PHIL SPRING

생산적 독서가 만들어준 행동력

저는 공기업어린이집에서 12년을 근무했습니다. 대학 졸업 반때 바로 취업해 한 곳에서 근속했을 정도로 조직생활에 적응을 잘했고 업무역할도 꽤 잘해내서 중간관리자로 진급도 했었어요. 제 인생에 있어 그 길 외에 다른 것은 한 번도 생각해본 적이 없었습니다. 그러던 중 둘째, 셋째 아이를 쌍둥이로 출산하면서 경력단절이 되었고, 그동안 쌓아온 모든 것이 한순간에 무너지는 것 같아 억울함만 가득했습니다.

'나는 무엇을 하며 살아야 하는가'에 대한 끝없는 고민이 시작되었고 굉장히 큰 우울감에 시달리는 시간들을 보내던 중 '행동력'을 키우는 기회를 만나게 되면서 나는 어떤 사람이 되고 싶은가에 대한 진지한 고민과 대답을 스스로 찾으려 노력했습니다. 이 시간을 통해 굉장히 큰 마인드 변화와 도전을 얻게 되었는데 한 달에 한 권 책읽기 경험도 없던 제가 10주 동안 33권의 주제를 정한 독서를 하고 새벽기상 미션을 통해 나에게 집중하는 시간을 갖고 나 자신을 향한 긍정문을 외쳐보고 비전보드를 만들어보기도 했습니다. 그리고 '부'라는 키워드로 돈과 관련된 책들을 나이 마흔이 다 되어서야 처음으로 읽기 시작했습니다. 마인드 변화의 가장 큰 역할을 해주었던 것이 이 키워드 독서였습니다.

개인적으로 제 인생의 가장 힘든 시간을 보내는 과정에서 제 삶을 치유해준 무기는 바로 가족들의 사랑과 엄마의 음식이었습니다. 소중한 것을 지켜내보고 싶다는 마음이 생겨 창업을 결심하고 작년 10월 친정엄마와 함께 운영하는 한식도시락점을 열고 이제 막 3개월을 지나는 초보사장이 됐습니다. 창업을 도전해볼 수 있었던 계기는 바로 '내 삶을 책임지는 주인이 될 수 있다'라는 마음 때문이었습니다. 바늘로 바위를 뚫는 것 같은 어려움이 있었지만 그 구멍을 뚫는 순간 그 뒤에 부가 숨어 있다는 것을 믿게 되었습니다.

'음식은 신뢰가 가장 기본이 되는 재료'라는 마인드로 매일 새로운 고객을 만나고 스토리를 이어가고 있습니다. 프랜차이즈도 아닌 개인 브랜드로 세상에 나서는 일이 굉장히 두렵고 무서웠지만 제 안에 잠든 힘을 깨워주는 성공자 마인드로 두려움에 맞서고 있습니다.

뼛속까지 직장인 마인드였던 제가 점점 사업가 마인드에 도전하고 즐기게 되기까지 행동력을 알게 된 인연과 성장 시간은 모래알 속 진주와 같습니다. 앞으로도 나 자신이 성장하는 데 시간과 노력을 아끼지 않고 성공자삶으로 도움이 필요한 많은 분들에게 영향력을 끼칠 수 있는 사람이 되고 싶습니다.

- 설윤희

6

Connection

어떻게 성공을 연결해나갈 것인가

●

누구나 위대한 사람이 될 수 있다.
왜냐하면 누구나 남에게 필요한 존재가 될 수 있기 때문이다.

– 마틴 루터 킹

부자로 가는 지름길을 만드는 6C

평범한 사람도 부자로 갈 수 있는 비밀

••••

나는 수집을 좋아하는 편이다. 이것저것 궁금한 게 있으면 자료들이나 데이터 등을 모으고 스스로 통계를 내본다. 어느 날 수집 본능이 발동했다. 7,777억 원을 가진 부자가 되기를 꿈꾼 날부터 부자는 어떤 특징을 갖고 있는지 무척 궁금해진 것이다.

너무나 평범해 보여서 부자인지 모르는 그런 사람들은 어떻게 부를 축적한 것일까? 부자가 반드시 되고 싶은데 '나'라는 사람에게는 부자가 될 DNA가 조금이라도 존재하는지 알고 싶었다. 그래서 부자들의 DNA를 수집해 내면에 심기로 마음먹었다.

처음엔 누구에게 답을 구해야 할지 몰라서 미친 듯이 부자에 대한 책을 100권 정도 읽었다. 직접 부자들을 찾아 인터뷰도 해보았다. 그리고 깨달았다. 부자는 만들어지는 것이라는 사실을 말이다.

태어날 때부터 부자인 사람도 있지만 그렇지 않은 사람도 충분히 부자가 될 수 있다. 부자의 DNA를 만들 수 있기 때문이다. 즉 나의 내면에 부자처럼 생각하고 행동하게 만드는 부자 DNA를 심으면 나도, 당신도 부자가 될 수 있다. 중요한 건 이 유전자는 후천적 노력에 의해 더 잘 만들어진다는 사실이다.

다독과 인터뷰를 통해 부자들이 가지고 있는 여섯 가지 특징(6C)을 발견했다. 그리고 부자가 되려면 이 6C가 아주 중요한 역할을 한다는 사실도 알아냈다. 6C만 알면 누구나 돈 버는 능력을 10배 정도 키울 수 있다. 나도 이 특징들을 하나씩 접목할 때마다 돈 버는 능력이 점프 업 됐다. 6C에 대해 자세히 알아보자.

캐릭터(Charactor)

••••

자기 주관이 확고한 사람을 보고 “캐릭터가 확실해!”라고 말해보거나 들어본 적이 있을 것이다. 캐릭터는 상징적 특징을 명확히 표현해내는 것이다. 부자는 자신의 캐릭터가 명확하다. 자기 자신을 누구보다 잘 이해하고 있기 때문이다. 개그 프로그램을 보면 자신의 캐릭터를 명확하게 만들어서 무대에 서는 사람들이 대부분 인기를 끈다. 왜 그럴까? 캐릭터가 있으면 그만한 매력이 뒤따르기 때문이다. 캐릭터가 명확하기 때문에 개성이 강하고 다른 사람의 뇌리에 오래도록 기억된다. 또한 캐릭터가 명확하면 보다 전문적인 것처럼 보인다.

부자가 되려면 차별화된 나만의 캐릭터가 확실해야 한다. 내가 만나본 부자들은 하나부터 열까지 명확하고 또 명확했다. 나만의 캐릭터를 위해 우리는 개성을 살리고 나의 매력을 다듬어 나가야 한다.

컨디션(Condition)

••••

컨디션은 말 그대로 건강상태나 기분 등을 나타내는 단어다. 컨디션은 그 사람의 에너지와 직결된다. 부자가 된 사람들은 자신의 에너지와 감정을 관리하는 것이 곧 자신의 매력을 최대화한다는 사실을 알고 있다. 그들은 어떻게 하면 더 좋은 에너지로 컨디션을 유지할 수 있는지 계속해서 고민하고 실천한다. 몸에 좋은 것을 먹고, 적당한 운동을 하고, 명상을 좋아하며, 여유와 산책을 즐긴다.

컨디션을 관리한다는 것은 나의 운을 만드는 것과 같다. 부자는 자신의 에너지를 항상 플러스 상태로 유지시키려고 노력한다. 만나는 사람 또한 열정이 넘치고 플러스 에너지가 가득한 사람들과 좋은 인연을 오랫동안 유지한다. 이 말은 곧 마이너스 에너지를 가진 사람과는 인연을 만들지 않는다는 뜻이기도 하다.

커리어(Career)

••••

대부분의 부자들은 추월차선으로 가는 커리어를 찾는다. 현재 추월차선이 아니더라도 결국 추월차선을 향할 수 있는 커리어를 향해 이동하는 방법을 택한다. 무엇을 주로 할까? 먼저 자신의 사업을 주로 일군다. 자신이 밤새 일해도 행복할 것 같은 일을 찾는다. 그 일을 통해 사람들에게 어떤 도움을 줄 수 있는지 고민한다. 어떻게 하면 더 많은 사람을 도울 수 있을지 방법을 연구한다. 부자들은 자신의 커리어를 다른 사람의 손에 맡기지 않는다. 오로지 자신의 힘으로 부를 축적하는 사업을 하거나 찾아 나선다. 그들에게 직장은 나의 사업을 일구기 위해 거쳐 가는 한 단계 관문일 뿐이다.

카리스마(Charisma)

••••

카리스마 하면 떠오르는 동물이 있다. 동물의 왕 사자다. 사자는 몸집이 제일 큰 동물도 아니고, 가장 빠른 동물도 아니지만 동물의 왕이다. 무엇 때문일까? 바로 사자의 눈빛 때문이다. 리

더 혹은 부자들은 강한 눈빛을 가졌다. 그들의 강한 눈빛의 원동력은 성공에 대한 확신과 신념이다. 누구의 말에도 현혹되지 않고, 스스로 가야만 하는 길에 모든 눈빛이 향한다. 부자는 자신의 신념을 굽힐 줄 모르는 사람들이다. 성공으로 향하기 위해 목표에 대한 명확한 비전을 갖고 기꺼이 달릴 줄 안다. 성공하는 사람들의 눈빛은 사자의 눈빛과 같다. 일관성 있게 나아가기 위해서는 사자의 눈빛과 같은 카리스마가 필요하다.

커넥팅(Connecting)

....

성공 지향적인 사람들은 돈이 붙고 사람이 붙는 자석이다. 서로의 재능과 자원을 연결해서 더 큰 시너지를 만들어낼 줄 안다. 구글의 CEO 레리 페이지와 세르게이 브린은 서로 너무나 다른 존재였지만 서로의 재능을 연결해 구글을 구현해냈다. 링크드인(Linked in)의 리드 호프먼은 '인맥 연결의 달인'이라는 별칭을 갖고 있다. 기업가 백종원씨는 한 방송에서 성공한 사업가와 초보 사장님들을 이어 서로 멘토·멘티 역할을 해줌으로써 도움이 되도록 만들어주었다. 성공하는 사람들은 좋은 인맥이 곧 자산임을 안다. 그리고 그 인맥들을 연결하면 새로운 방향성의 충돌이 일어나 예상치 못했던 시너지가 작용한다는 사실을 잘 알고 있다. 부자에게 연결이란 일상이자 성공으로 가는 다리다.

크리에이티브(Creative)

····

6C의 마지막은 모든 인간에게 주어진 신의 선물이다. 바로 창조할 수 있는 능력이다. 인간의 내면엔 창조적 에너지가 있다. 부자들은 이것을 마음껏 활용하고 꺼내 쓸 수 있는 능력이 있다. 우리가 사용하고 있는 모든 것은 창조의 힘으로 탄생된 것들이다. 즉 다르게 생각해서 구현시켜낸 것들이다. 창조는 고도의 생각 구현 스킬이다. 우리가 계속해서 더 나은 공간, 더 나은 삶을 누릴 수 있는 것도 모두 인간의 창조적인 능력 때문이다. 우리가 그토록 갖고 싶어 하는 돈도 창조물이다. 창조력을 더 많이 발휘할수록 부자가 되는 길은 쉽게 열릴 것이다.

영향력이 저절로 따라오는 정체성의 법칙

사진 속 내 모습과 사업의 공통점

····

어느 날 집에 보관되어 있던 낡은 소품들을 정리하다가 필름 사진 첩 한 권을 발견했다. 20여 년간 박스에 보관되어 있던 빛바랜 사진이 추억을 되감게 했다. 사업을 시작한 후 너무 바빠져서 스스로를 꾸미거나 포장할 시간이 거의 없는데, 20년 전 학창시절 사진 속 나도 꾸밈없이 웃고 있었다. 모르긴 몰라도 여유로워 보이는 과거 속 내가 부럽다고 느껴졌다.

한번은 시간을 쪼개어 손톱 관리를 받으러 갔다가 진열대에 놓아진 형형색색의 메니큐어 색에 빠져서 나도 모르게 충동구매를 했다. 화려하게 꾸미면 조금 나아질까 하는 기대감에 인디안 핑크색으로 손톱을 다 꾸미고 보니 나름 만족스러웠다.

그런데 그 만족은 오래가지 못했다. 예쁘게 바른 매니큐어가 벗겨질까 조심하다 보니 신경 쓸 일이 한두 가지가 아니었다. 그뿐만 아니라 매니큐어로 뒤덮힌 손톱이 너무 답답했다. 결국 3일도 못가 리무버로 메니큐어를 지워버렸다. 나와 맞지 않는 옷을 입은 느낌이었다.

다시 한 번 내가 꾸미는 것을 별로 좋아하지 않음을 깨닫게 됐다. 있는 그대로의 내 모습만으로도 충분히 자랑스러웠기 때문이다. 단정하고 정갈한 모습, 꾸미지 않아도 스스로 빛나는 것이 진정한 미의 기준이라는 생각이 들었다.

나는 사업도 그렇게 키워나간다. 내가 하고 있는 사업에는 꾸밈이 없다. 즉 화려함이 없다는 말이다. 그 대신에 집중하는 것은 외면이 아닌 내면이다. 사업도 외적인 모습보다 내실을 더 강조한다. 그래서 우리 연구소에 오시는 분들은 긴가민가한 상태로 오셨다가 교육을 들어보고는 내실에 감탄하신다. 나는 과정을 통해 더 고객에게 만족을 선물해주는 것이 훨씬 가치 있다고 여긴다.

나의 정체성은 다른 사람을 도울 때 완성된다

••••

중요한 것은 고객의 마음속에 각인되는 것이다. 내가 아무리 좋은 것을 주고 싶어 준비해두었어도 고객의 머릿속에 기억되지 않으면 잠시 스쳐가는 인연으로 끝날 뿐이다. 사람들은 여러 가지 경로를 통해 뇌에 각인해야 할 것들을 분별한다. 그중 하나는 위기를 경험할 때다. 음식을 먹고 배탈이 나면 그 음식은 나에게 해가 되는 음식이 된다. 어느 특정한 장소에 갔다가 안 좋은 일을 겪으면 그 장소는 좋지 않은 기억으로 저장된다. 이처럼 위기는 장기 기억으로 넘어가게 하는 트리거다.

사람에 대한 기억은 자신에게 유의미한 존재일 때 머릿속에 각인된다. 살면서 수많은 사람을 만나고 헤어지지만, 계속 특별한 관계로 남는 경우는 서로에게 유의미한 존재이기 때문이다. 그렇다면 어떻게 상대에게 유의미한 존재가 될 수 있을까? 별다른 것은 없다. 도움을 줄 수 있으면 된다.

나는 고객들에게 나만의 방법으로 도움을 줄 수 있는 방법을 찾아보았다. 나만의 방법을 찾아내기 위해서는 내가 좋아하는 것, 잘하는 것을 스스로 찾아내야 했다.

가장 좋아하는 것은 역시 독서였다. 나는 연간 200~300권의 독서를 꾸준히 이어가고 있다. 다른 사람들에 비해 다독을 즐기는 편이다. 독서는 내 일상의 일부이기 때문에 이제는 독서가 자연스럽다. 많은 독서량이 쌓인 후에 나에게 좋은 별명이 하나 생겼다. 다독으로 얻은 지혜와 통찰력이 많은 도움이 된다고 해 '인사이트 퀸'이라는 별명을 지어주셨다. 그 별명이 생긴 후부터 나에게 상담 요청이 많아졌고, 상담 후 문제를 해결할 수 있는 책들을 추천해달라고 하시는 분들이 점점 많아졌다. 고객들의 요청에 기꺼이 기쁘게 책을 추천해드렸다. 한두 번 쌓이다 보니 어느새 취미가 특기가 되어 있었다. 좋은 책을 읽고 나누는 것은 나에게 새로운 행복을 가져다주었다. 고객에게도 좋은 인연이 되어 각인시킬 수 있게 되었다.

그렇게 새로운 정체성이 내 안에 생겨났다. 다독가에서 지혜와 혜안을 가진 사람으로 변화가 이뤄진 것이다. 비로소 나만의 진정한 정체성은 다른 사람들을 도울 때 완성된다는 것을 깨닫게 되었다. 사람은 홀로 살아갈 수 없다. 타인과 관계를 맺고, 서로에게 필요한 존재가 될 때 삶의 유익이 흐른다. 진정한 도움을 서로 공유하는 사이가 될 때 특별한 꾸밈이 없어도 존재의 이유가 살아나는 것이다.

나만의 정체성을 정의하는 네이밍이 있는가

••••

지금은 21세기다. 우리는 이런 정체성을 더 명확하고 멋지게 꾸며줄 수 있다. 그것을 다른 말로 '브랜딩'이라고 한다. '나'라는 사람이 누구인지 구체적으로 정의해서 알려주는 것이다. 어떻게 알려줄 수 있을까? 나의 정체성에 새로운 이름을 붙여주면 된다. 즉 새로운 캐릭터다. 캐릭터를 오래도록 각인시키는 방법은 캐릭터에 걸맞는 이름을 붙여주면 된다.

우리 이름 석 자는 육체가 태어날 때 붙여진 이름이다. 브랜드명은 내 안에 숨겨진 정체성을 찾을 때 붙여주는 이름이다. 사업체도 이름이 없으면 아무것도 아니다. 이름이 생길 때 그 생명력이 유지되고 사람들의 마음속에 특별히 각인되는 것이다.

나만의 정체성이 명확한 브랜드 명을 가지면 내가 추구하는 삶의 방향성, 내가 돕고자 하는 유형의 사람들이 나를 찾아온다. 특별한 인연은 내가 누군가에게 도움되는 존재라는 사실이 알려지면서부터 만들어지는 것이다.

나만의 기준, 나만의 삶의 방향, 나만의 성격, 나반의 캐릭터를 나타낼 수 있는 이름을 찾는다면 어떻게 불러주길 원하는가? 그 이름은 내가 되고 싶은 것, 내가 성장하고자 하는 기준에 따라 달라진다.

나는 '소피노자'라는 브랜드 네이밍을 갖고 있다. 이 이름은 지혜라는 뜻의 'sophia'와 《도덕경》을 쓴 '노자'를 붙여 탄생했다. 나는 소피노자라고 불릴 때 행복하다. 그리고 이 이름을 가지고 사람들에게 나의 지혜를 나눠줄 때 10배, 100배 더 행복해진다. 변화는 인간의 특권이다. 새로운 나만의 아바타를 즐겁게 만들어보자. 내면에 숨어 있던 내공이 더욱 빛을 발하게 될 것이다.

부자가 되는 힘은 신용에 있다

진정한 경쟁을 위해 갖춰야 할 것

••••

사업을 하다 보면 예상치 못한 변수들과 마주하게 된다. 겨우 자리를 잡는가 싶으면 그새 유사한 업종이 옆에 둥지를 틀고 경쟁이 시작된다. 유사 업종과 조금이라도 차별화하려고 경쟁사에 비해 좀 더 가격을 다운시키고 매장을 더 꾸며 본다. 그러다 보면 같은 제품을 판매하는 대형 프랜차이즈가 바로 옆에 자리잡는다. 또 다시 경쟁사가 늘어나 경쟁력을 갖춰보겠다고 해보지만 고객은 이미 떠난 후다. 결국 외부로부터 오는 경쟁과 비교는 큰 상처만 남길 뿐이다.

우리 모두는 알고 있다. 진정한 경쟁은 나 자신과 해내는 것임을 말이다. 비교의 눈은 나와 과거와 현재를 구분해서 바라보는 것이 진짜다. 남과의 비교로부터 오는 자괴감에 슬퍼할 필요는 없다. 진짜 경쟁상대가 과거에 존재하는 나와 현재의 나 자신이라면 우리는 무엇을 가꾸어야 할까?

혹시 제품을 구매할 때 무엇을 보고 구매하는가? 디자인? 회사? 제품의 성능? 물론 그럴 것이다. 그러나 구매할 때 가장 큰 영향을 끼치는 것은 구매평(후기, 리뷰)이다. 후기가 나쁘면 다른 것들이 아무리 좋아도 구매하지 않을 이유가 충분히 된다. 반면 고객들의 후기가 좋으면 성능이나 디자인이 더 좋은 제품이 있다 하더라도 그것을 구매할 확률이 높아진다. 그래서 기업들은 고객이 달아놓은 후기들에 민감하게 반응한다. 후기가 곧 매출과 직결되기 때문이다.

사람에게도 후기가 따라붙는다. 그 사람이 풍기는 이미지, 말투, 다른 사람을 대하는 태도 등으로부터 이 후기가 퍼져 나온다. 그래서 우리는 후기를 가꿀 수 있어야 한다. 위장하라는 말이 아니다. 아주 진실하게 후기를 만들어야 한다. 사람에 대한 후기를 다른 말로 하면 '평판'이다. 통제가 아닌 자유로운 삶을 위해 가장 중요한 것은 사람들이 나를 바라보는 안목 즉, 평판을 가꿀 수 있어야 한다.

평판에는 날개가 달렸다. 타인이 바라보는 이미지, 느낌대로 그들의 시선을 통해 나라는 사람이 전달되기 때문이다. 그러니 기업이 어떻게 해서든 좋은 후기를 만들어내기 위해 고민하듯 나도 내 평판을 관리하기 위해 고민해야 한다. 평판은 그 사람이 흘리는 향기다. 향기는 보이지 않지만 모두가 느낄 수 있다. 부자가 되고 싶다면 우리는 이 평판에서 나오는 향기까지 책임지고 관리할 수 있어야 한다. 영국의 지휘자 제프리 경은 "좋은 평판은 좋은 의도와 마찬가지로 많은 행동으로 얻어지고, 하나의 행동으로 잃게 된다"고 했다. 평판은 우리가 죽기 직전까지 관리하고 책임져야 할 꼬리표다.

중용, 좋은 평판을 만들고 유지하는 법

••••

좋은 평판을 유지하는 것은 나에게 좋은 사람들과 함께할 수 있는 기회를 만들어주고, 나에게 더 많은 기회를 가져다주는 역할을 한다.

좋은 평판을 갖추고 유지하는 방법은 무엇일까? 좋은 평판을 갖추려면 중용을 알아야 한다. 중용이란 일희일비하지 않는 것이다. 세상의 모든 것은 순환된다. 고여 있는 것은 아무것도 없다. 그러므로 내 인생이 잘나가고 있다고 너무 자만하거나 내 인생이 고난의 연속이라고 깊게 좌절할 필요가 없다. 자만하다 보면 중요한 것을 놓치게 되거나 너무 과한 욕심을 부리다 사소한 것 하나에 넘어진다. 그렇다고 너무 겸손할 필요도 없다. 적당히 만족하며 기뻐하는 여유를 가져야 한다. 인생의 역경 앞에서는 '이 또한 지나가리라'라는 마음 자세가 필요하다. 모든 것은 지나간다. 지금 암흑기 같아도 반드시 맑게 갠 날이 온다. 중용은 인생이 어떻든 지금 내가 할 수 있는 일에 집중하는 마음이고 자세다. 그것이 가능할 때 책임감 있는 자유를 가질 수 있다.

과거에 나는 거만했고 자만했다. 순간을 즐기다 보면 그 순간엔 내가 모든 것을 다 가진 것 같은 착각이 들었다. 나는 나 자신과 제대로 경쟁하는 방법을 몰랐다. 속은 채울 생각 못하고 겉만 허울 좋게 꾸미고 다니면 다 가지는 것인 줄 알았던 것이다. 내 착각은 그리 오래가지 못했다. 보기 좋게 고꾸라지기까지 그리 긴 시간이 필요하지 않았다.

회사 취직 후 "1,000만 원 버는 것은 우습지"라고 큰소리친 것과 달리 1,000만 원을 우습게 빚내는 빚쟁이 신세가 되었고, 아무것도 모르고 "난 누구보다 사회생활을 잘해낼 거야"라고 말했지만 유아교사일 때 지시와 명령만 하는 원장님을 만나면 대화 자체가 삐걱거렸다. 내 인생이 마치 청개구리처럼 내가 말한 것과 꼭 반대로 흘러가기만 했다. 뒤돌아보니 나에겐 중용이 없었다. 스스로 자만해서 과대평가를 일삼았고, 조금만 안 좋은 생활에 짓눌리면 도피하기만 하는 기복인생이었다.

과거엔 그랬다. 하지만 지금은 아니다. 나는 나 자신과 책임지는 인생을 사는 사람이 되었다. 그리고 과거의 못난 인생으로부터 탈피하기 위해 끊임없이 경쟁하고 스스로를 다독인다. 계속해서 평판을 점검하고, 새로운 인격체를 수양해내야 한다. 그래야만 진정 의미 있는 경쟁이자 가치있는 경쟁이 될 것이다.

다음은 내가 나 스스로와 경쟁하기 위해 약속한 것들이다.

- 나는 말로 내뱉은 것은 반드시 될 때까지 해서 언행일치 시킨다.
- 나는 성공하는 것이 좋지만 그렇다고 자만하지 않는다.
- 나는 스스로 약속하고 실행하기 위해 최대한 감정은 배제한다. 오로지 과정과 결과로 말한다.

경쟁자를 찾고 있는가? 최고의 경쟁자는 나 자신이다. 우리는 깃털처럼 가벼운 유혹에도 쉽게 무너지거나 넘어질 수 있는 연약한 존재다. 이런 생각들로부터 나를 분리하고 유혹에 넘어가지 않기 위해 끊임없이 경쟁해야 한다. 나 자신과의 경쟁도 이겨내지 못하면서 상대의 전술을 이겨낸다는 것은 조금 억지스런 주장이 아닐까?

모든 사람의 인생에 존재하는 세 가지 줄

꿈과 현실을 좁혀나가기

• • • •

6년 전으로 돌아간다면 나는 한 달에 얼마를 벌 수 있을까? 그 당시 나는 한 달에 180만 원 정도의 월급을 받았다(당시 나는 8년차 교사였고, 글을 쓰고 있는 지금보다 7년 전이다). 유아 교사는 박봉이라는 쓴소리를 들으면서도 교사라는 사명감의 무게가 돈보다 컸다. 지금은 유아 교사 대우가 훨씬 좋아졌다고 한다. 6년이 흐른 지금 나의 한 달 수입은 10배 정도 차이가 난다. 만약 직장인으로서 6년의 시간을 보냈다면 연봉만 조금 올랐을 뿐 10배 차이는 먼 나라 이야기처럼 여겼을 것이다.

당시 나는 소박한 꿈을 이루기도 어려워 보였다. 30평대 내 집 마련, 주말이면 아이와 맛있는 음식을 먹고 곳곳을 돌아다니며 함께할 수 있는 근사한 주말, 만나면 행복해지는 사람들과 함께 먹는 점심식사, 남편과 가보고 싶었던 해외여행의 꿈들, 월급으로 한 달 생활하기도 빠듯한 나에게 소박한 꿈은 그저 사치일 뿐이었다.

여기서 인생의 갈림길이 두 갈래로 나뉜다. 꿈을 저 멀리 떠나보내는 사람과 어떻게든 그 꿈을 현실로 가져오는 사람. 내 경험으로 보자면 꿈만 꾸고 있는 것보다 꿈과 현실의 거리감을 좁혀나가는 것이 더 빠르다. 선택의 길에서 나는 언제나 더 어려운 길을 택했다. 많은 사람들이 가지 않는 길을 택했다. 사업도 그렇게 시작되었다. 직장에 있을 때와 사업에 있을 때는 마음가짐부터 생각하는 방식까지 모든 구조와 로직 체계가 바뀌게 된다. 돈을 버는 능력치도 완전히 바뀌게 된다.

인생의 '세 가지 줄' 가꾸기

••••

어느 날 내가 최악의 위기를 맞은 가장 큰 원인이 무엇인지 고민해보았다. 여유가 없던 현실 탓도 있겠지만 그보다 더 근본적인 원인은 선택적 오류의 누적이었다. 잘못된 결과는 잘못된 원인들이 누적되어 발생한다. 근본적 원인을 뿌리 뽑지 않으면 잘못된 결과의 패턴이 반복된다. 그 질문 하나로 인생에서 가꿔야 할 '줄'이 있다는 사실을 깨달았다.

인생에는 세 가지 줄이 있다. 하나는 과거라는 줄이다. 또 하나는 현재라는 줄이다. 마지막 하나는 미래라는 줄이다. 우리 모두 시간의 연속선상에 놓인 삶을 살고 있는 중이다. 세 가지 줄을 어떻게 가꾸느냐에 따라 인생이 달라진다. 내가 만약 과거의 줄을 잘 관리했다면 현재의 줄도 꼬이지 않았을 것이다. 마찬가지로 현재의 줄을 잘 관리하면 내 미래는 무한한 성공의 길을 안내할 것이다.

과거의 줄은 어떻게 관리할 수 있을까

••••

안타깝게도 과거는 다시 되돌릴 수 없다. 그러므로 과거를 놓지 못하는 오류를 범해서는 안 된다. 그동안 만났던 사람들 중 두 가지 패턴의 오류를 범하는 사람들이 있다.

첫 번째 오류는 과거의 성취에 취해있는 사람들이다. 과거에 이루었던 나의 명예와 결과에 집착한 나머지 현재를 살면서도 과거의 나만 바라보며 산다. 특히 주어진 현실이 과거보다 못났을 경우 더욱 그렇다. 하지만 과거는 과거다. 과거의 내가 성공했다고 해서 현실과 미래에도 그렇게 되리란 생각은 큰 착각이다. 과거의 성공에만 취해 계속 과거와 같은 선택만 하려고 하는 순간 매몰비용이 발생한다. 과거는 과거일 뿐, 현재의 성공방식은 달라져야 한다. 많은 기업도 과거 성공했던 방식 때문에 망한다. 성공 패턴은 계속 변한다. 과거에 매달리지 말고 현재의 성공방식을 배우고 익혀야 한다.

두 번째 오류는 과거 속 상처 때문에 앞서나가지 못하는 오류다. 이런 사람들은 타인의 말에 쉽게 상처를 받는다. 특히 자신이 운이 없다고 생각한다. 사실 이런 경우는 내 인생의 키를 남에게 준 것이다. 우리가 과거를 인지하는 방법은 기억을 조각적으로 받아들여 판단한다. 내가 그 상황을 어떻게 받아들이느냐에 따라 그 시점의 내가 최악의 운 없는 사람처럼 될 수도 있다는 말이다. 그러나 그것 역시 내 선택이다. 평생 운이 나쁜 일만 일어나는 사람은 없다. 운 나쁜 일만 강화해서 기억하고 있는 사람이 존재할 뿐이다. 과거에 매몰되지 않으려면 선택적 기억에 매몰되지 말아야 한다. 내 과거가 힘들고 운이 없었다고 여겨진다면 이렇게 말해보라.

"모든 것은 내 책임이다. 나는 나를 사랑한다."

현재의 줄은 어떻게 다루어야 할까

••••

현재는 내가 살아가고 있는 시점이다. 현재는 미래에 펼쳐질 인생을 다르게 만들 수 있는 최고의 기회가 숨어 있는 시간이다. 현재 시점에서 미래를 가장 다르게 만들 수 있는 최고의 방법은 자아를 리모델링하는 것이다. 모든 방향성의 키는 내가 쥐고 있다. 그 키를 어디에 둘 것인가 결정하는 것도 나 자신이다.

어떻게 자아를 리모델링 할 수 있을까? 먼저 내 인생이 내 책임이라는 사실을 직시해야 한다. 지금부터 내리는 모든 결정의 책임은 나 자신이다. 그리고 하나씩 그 결정들을 실행해나간다.

나는 세 가지를 추천하고 싶다. 첫째는 만나는 사람을 다르게 만드는 것이다. 만나는 사람의 기준을 높이면 자연스레 나도 그런 기준선에 들어갈 노력을 하게 된다. 어떤 사람을 주위에 두고 싶은가? 나는 자신의 분야에서 성공한 선한 백만장자 천 명의 친구를 만드는 것을 목표로 두고 있다. 나의 인격을 높이고, 인생의 질을 높일 수 있는 인맥을 내 주위로 끌어들여야 한다.

둘째는 시간을 다르게 쓰는 것이다. 시간의 소유주는 나다. 직장인이라면 몸값을 올리는 방법으로 시간을 비싸게 만들 수 있어야 한다. 사업가라면 하루 매출을 올리는 방법은 연구하고 적용해서 시간을 비싸게 만들 수 있어야 한다. 중요한 것은 나의 하루를 가장 비싸게 만들 수 있는 행동 위주로 실천해야 한다는 것이다.

셋째는 생각의 크기를 다르게 만드는 것이다. 우리는 모두 마음에 그릇을 두고 있다. 내 그릇의 지름은 얼마나 되는가? 그릇이 크면 생각도 커진다. 그릇을 채우는 것은 내가 행복해지는 길이다. 그런데 그릇에 채운 것을 나눠주는 것은 나와 남이 행복해지는 길이다 그릇이 큰 사람일수록 후자의 선택과 실천을 훨씬 더 많이 한다.

미래의 줄은 어떻게 만들어야 할까

····

미래는 아직 가보지 않은 길이다. 보이지 않는다. 그래서 나는 미래가 가장 무한한 성공을 부르는 길이라고 생각한다. 미래는 인간이 가진 무한한 힘으로 만들어낼 수 있는 새로운 길이다.

인간만이 가진 최고의 능력을 무엇일까? 바로 '창조'의 힘이다. 창조는 거창한 것이 아니다. 종이 한 장에 끄적거린 내용에서 창조가 일어나기도 하고, 자다 일어났을 때 떠오른 아이디어 하나가 창조가 되기도 하고, 흔히 하는 실수를 통해 창조가 일어나기도 한다. 누구나 창조할 수 있는 능력이 있다. 미래를 창조할 때 가장 중요한 것은 상상의 힘이다. 내 미래를 소설로 쓴다면 어떻게 쓸 것인가? 내 미래를 최고의 미래로 만들어내는 것은 상상의 힘과 그것을 실행할 용기면 충분하다.

기적을 만드는 숫자 1,000

존경받는 부자가 되는 신뢰의 기준 1,000

••••

지금부터 약 1,000일 전에 나는 무엇을 하고 있었을까? 오늘처럼 똑같이 바인더를 쓰고, 독서를 하고, 미래에 대한 꿈을 꾸고 실행할 목록을 점검했다. 오늘부터 1,000일 후에 나는 무엇을 하고 있을까? 여전히 독서를 즐기고 바인더를 쓰며 시간을 관리하고 꿈을 실행하고 있을 것이다. 1,000일 동안 내 행동의 변화는 적었지만 결과의 변화는 컸다. 1,000일은 기적의 시간이었다.

1,000일이 지나 변화된 것은 무엇일까? 가장 큰 변화는 내 이름 석 자 앞에 '신뢰'라는 단어가 붙은 것이다. 100일을 도전하는 것은 쉽지 않다. 하지만 도전하지 못할 정도는 아니다. 그런데 1,000일은 이야기가 달라진다. 100일을 10번 겪어내야 한다.

100일을 10번 겪는 동안 계절이 계속 바뀌듯 인생의 계절도 바뀐다. 맑은 날, 흐린 날, 비 내리는 날, 눈 오는 날, 추운 날, 더운 날을 고스란히 견뎌내야 한다.

내가 살아낸 1,000일은 아무것도 변하지 않은 채 시간이 흐른 것이 아니다. 매일 성장하면서 변화를 목격할 수 있도록 결과로 보여준 1,000일을 말하는 것이다. 1,000일을 10번 겪으면 10,000일이 된다. 10,000일의 과정을 겪어낸 사람은 마스터(Master, 장인)가 된다. 결국 100일도, 1,000일도, 10,000일도 부자로 가는 과정 중 하나다. 그러나 그 과정을 이겨내는 것은 쉬운 일이 아니다. 그렇기 때문에 이 시간을 통해 신뢰라는 타이틀을 얻는 것은 큰 명예가 될 수 있다.

신뢰받는 사람이 되고 싶다면 1,000일을 증명해내는 것이 중요하다. 무엇으로 증명할 수 있을까? 내가 1,000일간 지속할 수 있는 실행들을 꾸준히 해내는 것이다. 그 실행의 합이 모여 나라는 존재가 다시 태어나게 된다. 물론 신뢰가 쌓인다고 해서 무조건적 성공이 보장되는 것은 아니다. 그러나 신뢰 없는 성공은 절대 이룰 수 없고, 오래 지속될 수도 없다. 신뢰는 성공의 척도다.

신뢰가 쌓인 사람에게는 주변에 무조건적으로 믿어주는 사람들이 생긴다. 내 삶을 보고 든든함과 믿음을 느끼는 단단한 팬이 생긴다. 사업을 할 때 나를 무조건적으로 믿어주는 팬 1,000명만 있으면 성공적인 사업을 일궈낼 수 있다. 무엇이든 든든한 지원군 1,000명은 나에게 큰 힘으로 작용할 것이다. 다시 말하면

1,000명의 팬을 만들기 위해 내 삶에서 온전한 신뢰를 쌓는 1,000일이 먼저 지속되어야 한다는 말이다.

1,000이 지녀야 할 세 가지 조건

••••

부자가 되기 위해 1,000의 의미를 이해할 필요가 있다. 신뢰를 얻는 세 가지 1,000의 조건에 대해 함께 나누고 싶다.

1,000권의 책

기왕 독서를 시작했다면 나는 1,000권의 책을 기준으로 삼으면 좋겠다. 한 주에 한 권씩 읽는다고 해도 20년간 꾸준히 읽으면 1,000권의 책을 읽어낼 수 있다. 무엇이든 그렇겠지만 독서도 다독을 하다 보면 배경 지식이 쌓여 독서 근육이 생긴다. 처음에는 일주일에 한 권씩 읽는 것도 버겁지만 나중에는 같은 분야의 책은 필요한 부분만 뽑아서 읽는 것이 가능할 정도로 지식이 쌓이고 독서 근육이 붙을 것이다. 이론적으로는 1,000권의 책을 읽는 데 19년이 걸린다는 답이 도출되지만 속습(책 내용을 이해할 때 그에 따른 배경 지식이 충분히 쌓여있으면 이해도가 높아 독서의 속도는 빨라지고 독서력은 깊어지는 상태)의 개념을 이해한다면 예상보다 더 빨리 1,000권 독서에 도달할 수 있게 된다. 나는 약 7년간 3,000권의 책을 읽을 수 있었는데 배경지식이 쌓여 속습이 가능했기 때문이었다. 속습이 가능해지면 1일 1독도 가능하다.

1,000개의 실행

책을 살아 있게 만드는 것은 실행하는 것이다. 거창할 필요는 없다. 지금 내가 즉시 할 수 있는 것 한 가지씩 시도해보면 된다. 1,000권의 책을 읽으면 1,000개의 아이디어를 실행해볼 수 있다. 1,000권의 내공을 가르는 것은 지식이 아니라 실행이다. 작은 실행이 꾸준히 모이면 나의 자산이 된다. 1,000개의 경험을 가진 사람과 1,000권의 책 제목을 아는 사람은 차원이 다른 사람이다.

1,000명의 팬

1,000명의 팬을 만드는 방법은 나의 신뢰도를 1,000명에게 쌓고 보여주라는 말이다. 보여주기식 신뢰가 아닌 진짜 실력을 증명해야 한다. 1,000일을 지속한다는 것은 요령이 아닌 습관의 영역에 있는 행동이다. 그러므로 1,000명의 팬들은 그 습관을 배우고 싶어할 것이다. 1,000일의 시간이 누적되면 그것이 곧 전문분야가 되는 것이다. 내가 가진 노하우를 아낌없이 팬들에게 나눠주다 보면 나는 더 큰 부를 이룰 수 있을 것이다. 1,000명의 팬들이 똑같이 1,000일의 힘을 기를 수 있도록, 신뢰를 만들어낼 수 있도록 나누는 사람이 되면 1,000명뿐만 아니라 10,000명의 팬을 확보하는 것 역시 시간문제다.

1,000일은 나를 영향력 있는 존재로 만들어주었다. 처음엔 나를 변화시키고 싶어서 시작된 독서와 작은 실행들이 어느새 나를 밀어 올려 높은 신뢰를 만드는 사람으로 존재감을 나타내게 해주었다. 1,000일간 꾸준히 무언가를 해낸다는 것이 다른 사람에게 영향력을 줄 수 있는 시간이라는 것을 깨닫게 되면서 꾸준히 루틴을 만들어 가길 잘했다는 생각이 들었다. 1,000일을 보내는 동안 위기가 찾아오기도 했지만 결국 위기마저도 꾸준함으로 극복할 수 있었다. 나는 1,000일의 비밀을 안 뒤부터 모든 면에서 더 단단해지고 있다.

1,000일의 기적이란 단순히 하루하루를 버텨내는 것이 아니다. 하루가 지날 때마다 나를 레벨 업해서 더 강하게 만들어가는 것이다. 나라는 존재가 누군가에게 유의미한 존재가 될 때까지 나를 수양해나가는 과정이다. 하루하루 연명하는 소인배의 삶보다는 100일의 기적을 꾸준히 10번 만들어낼 수 있는 대인배의 삶으로 채워나가고 싶다.

세상이 변화되는 물결 위에 서 있는가

유연하려면 몸집을 작게 유지하라

····

나는 재난영화를 즐겨보는 편이다. 영화를 즐겨보는 사람이라면 한 번쯤 재난영화를 본 적이 있을 것이다. 만약 재난영화가 현실로 일어난다면 어떨까? 모든 일상이 마비되기 시작할 것이다. 그 후 세상의 많은 모습을 새롭게 정비되고 구축되기 시작할 것이다.

2020년 1월, 재난영화에서 나올 법한 이야기가 실제가 되었다. 코로나19는 순식간에 모든 일상을 멈추게 했고, 낯설게만 느껴졌던 마스크 쓴 모습은 더 이상 선택이 아닌 필수가 되었다. 포스트 코로나 세상은 익숙해서 소중하게 느끼지 못했던 것들을 하나둘씩 일상에서 빼앗아가고 있다.

인생엔 정답이 없다. 내가 옳다고 생각했던 생각들이 한순간에 잘못된 선택으로 바뀔 수 있다는 말이다. 그렇다고 해서 인생의 방향성을 정하지 않고 갈 수는 없다. 인생이 언제 어떻게 될지 모른다는 두려움으로 내 삶의 목적과 방향성을 포기한다면 언젠가 밑천이 바닥날 수밖에 없다. 방향성을 갖되 일상이 주는 위협을 순간순간 재빠르게 수정해나가야 한다.

위험에 저항 없이 빠르게 수정해나갈 수 있는 방법은 몸집을 작게 유지하는 것이다. 100년 역사를 지닌 바니스 뉴욕(Barneys New York) 백화점은 코로나19로 인해 파산 신청을 했다. 미국에서 가장 오래된 백화점 체인인 로드 앤 테일러(Load & Taylor) 역시 코로나19 여파를 극복하지 못하고 파산신청을 했다. 오프라인에서 몸집을 최대한 키운 대형 백화점들은 고스란히 코로나19 태풍을 맞아야 했다. 몸집이 커서 재빨리 수정하기도 힘들었다. 만약 소규모 사업을 유지했거나 온라인과 오프라인을 동시에 구축해나갔다면 위기를 맞았을 때 역풍에 조금 더 빨리 대처할 수 있었을 것이다.

앞으로 코로나19와 같은 기상 이변이나 환경적 재난들은 지속적으로 일어날 것이다. 그때마다 위기에 선대응을 하는 방법은 커다란 몸집을 유연하게 바꿀 수 있는 소규모 상태를 유지하거나 역풍이 없는 온라인 세상으로 이동하는 것이다.

무한 공급의 도시, 온라인 에티켓

••••

코로나19로 인해한 위기의 역풍을 피해 조금 안전하게 대피할 수 있는 공간으로 부상한 곳은 온라인이다. 그동안 온라인 시장은 조금씩 커지고 있었지만 코로나19가 온라인 시장의 성장세를 압도적으로 빠르게 만들었다.

오프라인과 달리 온라인은 시간과 거리의 제약이 없다. 온라인은 온오프 시간이 따로 정해져 있지 않다. 24시간 365일, 시간의 제약 없이 상시 노출시킬 수 있다. 공간의 크기도 무한정 키울 수 있다. 작은 서점으로 시작한 제프 베이조스의 꿈은 전 세계 1위 기업이라는 타이틀을 가진 아마존으로 키워냈다. 오프라인의 한 달은 온라인에서 보내는 6개월과 같다고 한다. 그만큼 온라인은 모든 것을 빠르게 변화시키고 연결시킨다. 만약 오프라인에만 익숙한 세대라면 온라인과도 익숙해지는 법을 찾아 배우고 실행해나가야 한다.

부자가 되는 길은 시간을 다르게 쓰는 사람이 되는 것이다. 21세기 부자는 온라인과 오프라인의 연결점을 찾아 꾸준히 연결시키고 키워온 사람이 될 것이다. 온라인은 오프라인의 제약과 한계를 거뜬히 뛰어넘는다.

오프라인에서는 돈이 많은 사람들이 더 큰 부자가 되는 길이 많았다. 즉 돈이 적은 사람은 시작할 수 없거나 돈이 모일 때까지 기다려야 했다. 하지만 온라인은 다르다. 온라인 도시는 모든 것을 균등하게 만들었다. 누구나 출발점을 똑같이 만든 것이다.

온라인에서는 누구나 적은 초기 자본으로 사업을 시작할 수 있다. 자신이 좋아하는 것이나 잘 아는 지식들을 유튜브로 나누면서 영향력을 펼칠 수도 있다. 문제는 오프라인 도시에서는 신뢰를 쌓을 수 있는 대면 시스템이 있지만 온라인 도시에서는 익명으로 활동하는 사람들도 많아서 온라인 규범을 모르는 사람들로 인한 선의의 피해자가 많이 발생할 수 있다는 사실이다.

온라인에서 선의의 피해자가 덜 발생하려면 온라인 페르소나에 에티켓을 더해야 한다. 가장 기본은 온라인도 내가 살고 있는 세상이라고 생각해야 한다. 온라인이든 오프라인이든 내가 살아온 시간에는 흔적이 남는다. 온라인 세상에서는 더욱 어떤 흔적을 남길 것인가에 대해 심사숙고 해야 한다. 온라인 세상에서 나의 가치는 내가 쓴 글, 내가 만들어 낸 자료에 따라 만들어지기 때문이다.

온라인 도시가 발전하면서 온라인상에서 만들어지는 용어들로 선동하는 사람들이 있다. 꼰대, 진지충, 라떼는 말이야, 월급루팡 같은 말들이다. 온라인 세상에서는 이런 이중 잣대의 말들로 진실의 목소리를 가린다. 부자를 더욱 가치 있게 만드는 것 오랜 시간 누적되어 삶을 변화시켜 온 진실의 목소리다. 부자로 가는 길은 선동이 가득한 세상에 존재하지 않는다. 실제 삶에서 벌어지는 문제들을 계획하고, 실천하면서 실천적인 삶을 살아가는 사람들의 일상이 쌓여 만들어지는 것이다. 무한한 성공의 기회 안에서 온라인 세상을 실제로 성공으로 연결시켜 나가는 것은 선동을 무시하고 자신의 정직한 가치를 더 많은 사람들에게 전달하는 사람들이다.

내 온라인 페르소나가 선동에 속고 있다면 성공 원칙을 다시 재정의하자. 온라인 세상에서의 성공은 나의 온라인 에티켓에서 나온다.

단면적인 삶보다 입체적인 삶을 택하라

인생에도 사계절이 있다

••••

송도에는 멋진 커넬워크가 있다. 이곳은 네 동으로 이루어진 곳인데 걸어다닐 수 있도록 네 동이 모두 연결되어 있다. 특별한 것은 이 건물들의 이름이다. 커넬워크 건물들의 이름은 봄, 여름, 가을, 겨울이다. 각 동마다 계절 콘셉트에 맞춰 디자인되거나 꾸며져 있어서 주말이나 점심시간이면 봄 동부터 겨울 동까지 많은 사람들의 기분전환을 시켜주는 산책로가 된다.

문득 커넬워크를 걷다가 내 인생에도 계절이 있다고 생각하게 되었다. 추운 겨울이 되면 몸이 절로 움츠러든다. 동물들도 동면 상태에 들어간다. 내 인생 역시 한동안 너무 추워서 움츠러들기 바빴다. 하루하루가 냉혹한 추위와의 사투였다. 이렇게

긴 겨울이 지속될 줄 알았다면 겨울을 보낼 에너지와 식량을 넉넉히 비축해 두었어야 했는데……. 인생의 현상들은 언제나 지나고 난 후 깨달음을 선물로 준다. 겨우내 추위에 저항했다. 몸부림도 쳐보고, 추위를 피해 숨어보기도 하고, 언젠가 봄날이 오겠지 하며 스스로를 포기하려 했던 적도 있다. 그럴 때마다 점점 나약해져만 가는 내 모습이 못나보여서 자존감은 늘 발바닥 끝에서 올라올 생각을 하지 못했다. 일차원적인 삶, 단면적인 삶의 표상이었다.

지금 내 인생은 어느 계절을 지나고 있을까? 현재 내 인생은 겨울을 이겨내고 봄을 맞이할 준비 중이다. 가지 끝에 맺힌 봉우리처럼 봄이 되면 햇살을 받으며 움츠렸던 봉우리를 활짝 터뜨릴 것이다. 인생의 사계절을 잘 흘려보내는 방법은 결국 삶에서 가장 중요한 존재를 지켜내는 것이다. 그 존재는 바로 나 자신이다. 나 스스로가 자랑스럽고 만족될 때 의미 있는 인생이 된다. 그러므로 인생의 어느 계절을 지나고 있든 항상 스스로 기쁘고 자랑스러워질 만한 일을 먼저 해야 한다. 자랑스러워지는 일을 하다 보면 그 일이 점점 재미있어진다.

은퇴하지 않는 삶을 위해 경제적 자유를 꿈꾼다

••••

어떤 사람들은 인생은 열정이라고 말한다. 열정은 나를 고여 있게 만들지 않는다. 나를 항상 움직이게 하고, 변화하도록 유도한다. 어떤 것을 반드시 이룰 때까지 몰아붙이는 힘이다. 열정을 꺼뜨리지 않고 주변의 방해에 휘둘리지 않으려면 정확한 목표와 데드라인이 내 머릿속에 자석처럼 붙어 있어야 한다. 열정이 지속되면 실력은 언젠가 따라오기 마련이다.

나는 부자가 되기 위해 열정적으로 살고 있다. 내가 부자가 되고자 하는 목표는 시간과 경제적 자유를 얻기 위해서다. 그렇다면 시간과 경제적 자유를 이루고 나서 나는 무엇을 해야 할까? 만약 내 예상보다 일찍 시간과 경제적 자유를 이룬다면 앞으로 살아온 날보다 살아갈 날이 더 많이 남을 텐데 그때 나는 무엇을 해야 할까? 주변 사람들에게 이 질문을 하면 은퇴 후 내가 살고 싶은 삶을 살겠다고 말하는 분들이 많았다. 하지만 내 생각은 그것과 정 반대다. 나는 은퇴하지 않기 위해 부자가 되려고 한다. 나는 죽기 직전까지 내 도움이 필요한 현장에 존재하고 싶다.

내 삶이 의미 있을 수 있는 이유는 내가 누군가에게 도움을 줄 수 있는 존재로 있기 때문이다. 단순한 돈 많은 부자를 꿈꾸는 것은 내가 추구해나가는 부의 방향과 맞지 않다. 나는 돈 많은 부자가 아니라 존경받는 부자를 꿈꾼다.

존경받는 부자로 평생을 살아가기 위해 가장 중요한 원칙 중 하나는 과정을 정직하게 이루어 가는 것이다. 정직한 과정을 밟아가는 사람에게만 주어지는 가장 큰 행복이 있다. 바로 오늘 하루 너무나 최선을 다해서 충분한 만족감으로 두 발 뻗고 잠들 수 있다는 사실이다. 내 마음이 편안하고 하루를 살아내는 만족감이 100퍼센트에 가깝다면 부자가 되어가는 정직한 삶을 살고 있다는 증거다. 그래서 나는 오늘도 충실한 과정을 쌓는 데 최선을 다할 뿐이다. 과정을 쌓아가는데 은퇴란 존재할 수 없고, 의미도 없다. 경제적 자유가 주어지면 나는 더 많은 사람에게 아낌없이 나의 성공 노하우를 나눌 것이다. 그것이 세상에 내게 준 성공이라는 선물에 대한 은혜를 갚는 멋진 목표 아닐까?

단편적인 삶에서 입체적인 삶으로

....

부자가 되는 데 생각은 정말 중요한 자원이다. 그러나 많은 사람은 생각과 고민을 구별하지 않은 채, 전부 생각이라고 포장해 버린다. 우리는 생각과 고민을 구별해야만 한다. 생각은 기회를 선물하고, 고민은 데미지를 준다. 유익한 생각엔 '어떻게'가 존재한다. 심각한 고민은 '내가 과연 해낼 수 있을까?'라는 물음이 존재한다. 되도록 생각이 고민으로 바뀌기 전에 실행단계로 옮기기 위한 아이디어를 찾아 즉시 실행을 시작해야 한다.

6년간 성공으로 향하는 길이 쉬운 길은 아니었다. 그러나 변하지 않는 사실은 누구에게나 그 과정을 쌓아가는 것은 필연적이라는 사실이다. 누구도 과정을 무시한 채 성공의 계단을 오를 수 없다. 꼭대기로 가는 길은 먼저 1층을 오르는 것이고, 그다음

10층을 향해 내딛는 것이다. 과정을 빼놓을 수 없다면 우리는 과정의 순간순간들을 최선을 다해 믿어야 한다. 성공의 과정이 충실하지 않거나 정의롭지 않다면 언젠가 그 과정의 결과는 나에게 화살이 되어 날아올 것이다. 반면 내가 성공을 향해 나아가는 과정이 정직하고 진실하다면 그 과정은 확성기가 되어 퍼져 나갈 것이다. 결과가 화살이 되느냐, 확성기가 되느냐의 기준은 언제나 과정에 있다.

내 삶의 방향을 처음으로 바꿔주신 존경하는 스승님인 3P자기경영연구소 강규형 대표님께서 숫자 8의 의미를 알려주신 적이 있다. 8을 그대로 쓰면 단순한 8이지만 8을 옆으로 쓰면 무한대가 된다. 고개를 꼿꼿이 세운 채 걸어가다 보면 부러지고 넘어진다. 낮은 자세로 위험 신호를 미리 찾아내고 그것들을 제거하며 한 발 한 발 나아가야 한다. 나의 능력이 무한해지려면 겸손하게 과정을 꾸준히 밟아내는 길뿐이다. 과정을 밟는 인생은 단면적 인생이 아닌 입체적 인생이다. 뫼비우스의 띠는 단면으로 걸어갈 수 없다. 입체적 삶을 꿈꾼다면 무한함의 기적과 기회를 붙잡고 도전해보자. 오늘의 실패가 실패로 끝나지 않는 이유는 실패를 통해 나를 더 사랑하는 방법을 배울 수 있었기 때문이다. 나는 스스로에게 망가지는 것을 멈춘 뒤에야 성공을 꿈꿀 수 있었다. 우리 모두 자신의 온전함 안에서 삶을 가장 빛나게 만드는 그 날을 맞이하길 바란다.

나 자신을 마주하는 시간

성장에 대한 끊임없는 욕구가 한창이던 2019년 새해, 새벽 기상을 꿈꾸며 아침에 독서모임을 한다는 곳이 있다는 이야기를 얼핏 듣고 검색에 검색을 거쳐 송도에 있는 모임을 찾아냈습니다. 그렇게 토요일 아침 7시, 독서모임에 처음 방문하고 지금껏 느껴보지 못한 신선함과 설렘을 느끼며 이곳에 있는 동안만큼은 좀 더 나은 내가 된 것 같은 착각에 자꾸만 가고 싶은 장소가 되었습니다.

그렇게 토요일마다 독서모임을 나가며 '행동력'이라는 것을 알게 됐습니다. 성장의 결핍성으로 한번 도전해볼까 싶다가도 지금껏 자기계발 강좌를 들으면 수업을 받을때 그때뿐 잠깐 변했다가 어김없이 다시금 예전의 일상으로 돌아가기를 수없이도 반복해온 나를 너무나 잘 알기에 괜히 또 시간만 버리는 거 아닌가 싶어 고민했습니다. 그런데 항상 생각만 하고 실천하지 못하는 나를 위한 것인가 싶게 이름부터 끌렸습니다. 무엇보다 행동력을 삶에 세우면 돈 버는 능력이 10배는 올라간다는 강한 문구에 홀렸습니다.

그렇게 행동력과의 인연은 시작이 되었습니다. 살면서 한 달 아니 1년에 책 한 권을 완독할까 말까 하던 제가 매주 최소 1권 이상의 책을 완독했습니다. 행동력을 키워갈수록 그저 돈을 잘 버는 능력을 키우고 사업을 잘하기 위한 기술을 배우는 것이 아닌 '나'라는 자신을 마주하며 존재에 대해 깊이 생각하며 자아성찰의 시간들로 변해 갔습니다.

자신을 온전히 마주하니 이상하게도 삶의 태도가 바뀌게 되고 삶의 태도가 바뀌어 가니 일의 능률이 오르고 자존감이 높아졌습니다. 그러다 보니 당연히 내가 하고 있는 일들에서 성과들이 나기 시작했습니다. 물론 예상치 못한 코로나19라는 악재가 생겼지만, 나락으로 떨어지기보단 누구보다 잘 대처해나가며 강하게 버티고 있는 저를 보며 '아, 정말 내가 많이 성장했구나. 이 모든 게 행동력 덕분이 아닐까?'라는 생각이 들었습니다.

남들이 보기에 버라이어티하게 나의 삶이 바뀌었다고 할 수도 없고, 지금 현재 완벽한 삶을 살고 있다고 할 수도 없습니다. 그러나 느리지만 천천히 성장해가고 있음을 제 스스로 느낍니다. 행동력은 불안한 이 시국에도 흔들리지 않고 새로운 도전을 꿈꾸며, 어제보단 나은 오늘을 맞이하고 오늘보다 나은 내일의 내가 기다리고 있다는 것을 알게 해줬습니다.

- 윤도희

'당연히'라는 통념에서 벗어나라

어느 날부터인가 사용할 때마다 불편해진 단어가 있다. '당연히'라는 말이다. 6년 전만 해도 나는 삶이란 '당연히' 그렇게 사는 것이라는 혼자만의 틀 안에서 생각하며 살았다. 요즘은 "당연히 그렇게 해야지!"라는 말을 가장 경계한다.

내 집 마련을 할 때 '당연히 그 아파트는 미분양이 될 거야!'라고 했던 그 아파트는 현재 매매할 때보다 5억 원이 올랐다.

'당연히 그 사업은 돈 벌기 힘들어. 밥 먹고 살기도 힘들걸!'이라고 했던 나의 사업은 현재 10배 성장했다.

세상에 부자로 향하는 법을 알려주는 책들은 많다. 그 책들이 '당연히 나를 부자로 만들어 줄 거야!'라고 생각해서 그렇게 된다면 얼마나 좋겠는가? 하지만 '당연히'라는 말은 딱 한 가지 상황밖에 적용되지 않는다. 당신이 무엇을 듣고, 읽고, 보든지 '당연히' 실행하지 않으면 아무 일도 일어나지 않는다는 것이다.

나의 편견을 깨는 데 얼마만큼의 시간과 에너지가 소요되어야 할까? 사람의 생각이 바뀌는 것은 일순간이라고 한다. 꿈을 꾸고 생각이 바뀌기도 하고, 내가 이루고 싶은 인생을 사는 사람을 만났을 때 바뀌기도 하고, 경험이나 사건으로 인한 충격으로 인해 생각이 바뀌기도 한다고 한다. 즉 신념을 바꾸는 것은 동전의 앞, 뒷면과 같다.

내가 밑바닥을 찍고, 다시 날아오를 때 《생각하는 인문학》이라는 책을 만나 인생이 변화된 것처럼 이 책이 많은 분들의 신념을 바꾸는 그런 세렌디피티가 되었으면 좋겠다.

나는 아직 7,777억 부자가 되겠다는 꿈을 이루어가는 중이다. 그 여정에 이 책으로 인연이 된 많은 분들과 기쁨을 나누는 행복이 함께했으면 한다. 비가 오면 오는 대로, 눈이 오면 오는 대로, 태양이 뜨면 태양이 뜨는 대로 내 속도에 맞춰 걷거나 뛰어보자. 인생은 마라톤보다 길다. 서두르거나 조급해할 이유가 전혀 없다. 나에게 '당연히'의 모순을 걷어내는 순간 세상은 나를 향해 성공이라는 선물을 안겨줄 것이다. 내가 그렇게 했듯 당신도 그렇게 할 수 있다.

마지막으로 작가 제임스 톰의 명언을 공유하며 이 글을 마친다.

> 자수성가한 사람이 숨김없이 진실을 털어놓는다면 그것은 아마도 '나는 내 게으름, 무지와 싸우며 한 계단 한 계단을 힘겹게 올라 정상에 이르렀다'일 것이다.

북큐레이션 • 원하는 곳에서 자신의 가치를 높이고, 가슴 뛰는 삶을 살고 싶은 이들을 위한 책

《10배 버는 힘》과 함께 읽으면 좋은 책. 진정한 나다움을 발견하고 참된 성공의 인생을 살길 원하는 당신을 응원합니다.

스탠퍼드는 이렇게 창업한다

강환규 지음 | 15,000원

"남들이 하는 창업 말고 자신이 할 수 있는 유일한 창업을 하라"
창업을 꿈꾸는 당신의 손에 들려 있어야 할 행동 지침서!

전 세계에서 유니콘 창업가를 가장 많이 배출한 대학교는 스탠퍼드다. 스탠퍼드에는 무슨 특별한 교육과정이 있기에 세계적인 스타트업 양성소가 되었을까? 이 책에는 한국보다 20배 더 뜨거운 창업 열풍을 불러일으킨 스탠퍼드대학교의 핵심 노하우가 담겨 있다. 혁신, 창의, 기술을 리드하는 창업의 성공 공식과 이를 바탕으로 스스로 창업 역량을 키울 수 있는 핵심적인 라이프 스킬과 역량이 실려 있다. 저자가 소개하는 스탠퍼드 방식을 따른다면 자신과 세상을 성장시키는 창업을 하게 될 것이다. 그리고 당장 창업을 꿈꾸지 않는 사람들이라면 '회사 일에서부터 프로페셔널해질' 것이다.

미라클 액션

하재준 지음 | 15,000원

"행동이 없으면 오늘과 내일은 같은 날이다!"
망설이는 당신을 행동파로 만드는 행동력 훈련

스무 살에 분양사무소에서 영업을 시작해 37세인 지금 10여 개의 법인회사와 개인 사업체의 대표가 된 저자는 17년간 치열한 사업의 현장에서 살아남은 무기로 '남다른 행동력'을 꼽는다. 저자는 아침 알람 소리 한 번에 자리를 털고 일어나고, 발품을 한 번 더 팔고, '안 된다는 생각'은 없음을 다짐하고, 경험은 돈을 주고도 사며, 상대의 말은 끝까지 경청하는 등 사소한 행동 한 가지부터 행동하고 실천하라고 조언한다. 생각하느라 시간을 다 쓰는 사람들, 주저하는 데 많은 공을 들이는 사람들에게 매우 긍정적인 동기부여가 되어줄 것이다.